电子商务专业系列精品教材

电子商务运营实务

周海容　朱景伟　主　编
金祖旭　陈　青　王旭升　副主编
魏振锋　主　审

电子工业出版社
Publishing House of Electronics Industry
北京·BEIJING

内 容 简 介

本书旨在帮助学生构建电商运营的思维，教授学生电商运营的策略、方法和技术。本书以淘宝、拼多多、直播、短视频等电商平台和业态为载体，内容涵盖电商运营概述、网上开店基础、视觉营销与策划、电商数据分析、网店推广、网店客服、仓储及进销存管理等。本书内容逻辑性强，环环相扣，每一步操作都配有图示、说明或者视频讲解，方便读者进行深层次的理解并操作。

本书内容新颖、注重实践，适用于电子商务及相关专业的学生，也可作为相关人员的自学参考用书。

未经许可，不得以任何方式复制或抄袭本书之部分或全部内容。
版权所有，侵权必究。

图书在版编目（CIP）数据

电子商务运营实务 / 周海容，朱景伟主编. —北京：电子工业出版社，2021.7
ISBN 978-7-121-41518-0

Ⅰ.①电… Ⅱ.①周… ②朱… Ⅲ.①电子商务－运营管理－高等职业教育－教材 Ⅳ.①F713.365.1

中国版本图书馆 CIP 数据核字（2021）第 132391 号

责任编辑：张云怡　　　　　　特约编辑：田学清
印　　刷：中煤（北京）印务有限公司
装　　订：中煤（北京）印务有限公司
出版发行：电子工业出版社
　　　　　北京市海淀区万寿路 173 信箱　　邮编：100036
开　　本：787×1 092　　1/16　　印张：12.5　　字数：320 千字
版　　次：2021 年 7 月第 1 版
印　　次：2025 年 8 月第 5 次印刷
定　　价：49.00 元

凡所购买电子工业出版社图书有缺损问题，请向购买书店调换。若书店售缺，请与本社发行部联系，联系及邮购电话：（010）88254888，88258888。

质量投诉请发邮件至 zlts@phei.com.cn，盗版侵权举报请发邮件至 dbqq@phei.com.cn。
本书咨询联系方式：（010）88254573，zyy@phei.com.cn。

前言

据商务部《中国电子商务报告（2019）》指出，2019 年中国电子商务交易额达到 34.81 万亿元，其中网上零售额超 10 万亿元，电子商务从业人员超 5000 万人。其中，电子商务企业（简称"电商企业"）直接吸纳就业和创业人数超 3000 万人。从国内市场来看，2019 年网络零售对社会消费品零售总额增长的贡献率达 45.6%，电子商务在促消费、稳外贸、助扶贫、扩就业，以及带动产业数字化转型等方面做出了积极贡献，成为经济稳定增长和高质量发展的重要推动力。

电子商务持续、广泛、深入的发展使相关专业人才，特别是具备电子商务运营能力的人才紧缺。《电子商务运营实务》紧贴社会需求，聚焦电商企业对核心运营岗位的人才需求，以培养电商高素质技能型人才为目标，适用于电子商务和相关专业的学生及有关从业人员。

在"互联网+教育"的背景下，本教材努力实现信息技术与教育教学的深度融合，围绕既定的教学目标，设计"纸质教材+数字多媒体资源"的新形态一体化教材，即从纸质教材编写理念、内容选择、组织和呈现方式、结构功能等教学设计上实现与数字多媒体资源的关联、补充、拓展、融合的一体化设计研发，提高"电子商务运营实务"课程的教学效果。

本教材的编写，凸显义乌工商职业技术学院深度进行工学结合的办学特色与优势，具有以下 5 个特点：实战性、完整性、前瞻性、主体性及立体化。

(1) 实战性

本教材的内容设计，遵循真实再现电商项目实际运营流程的原则，以理论够用、实践为主的工学结合为教学理念，引导学生在国内主流的电子商务平台，如淘宝、拼多多等，开设店铺，进行市场定位、产品规划、视觉营销、流量推广、获取订单、物流发货及售后

服务等,将学生置于完全真实的电商运营环境中,掌握电商实战技能。

(2) 完整性

本教材基于对电子商务运营全流程的深入剖析,设计了7章,每章均包含多个知识点,每个知识点包含多个任务。7章分别是:电商运营概述、网上开店基础、视觉营销与策划、电商数据分析、网店推广、网店客服、仓储及进销存管理。通过任务设计和指导,帮助学生掌握每章的学习目标,提高其电商运营能力。

(3) 前瞻性

随着电子商务、互联网的不断发展,电子商务行业与企业对人才的知识、能力的要求也在持续地快速变化中。本教材密切关注国内电商发展的新动态、新业态,力求具有良好的前瞻性,优选电商行业前沿的新知识、新理念、新技能,同时做到难易适度、详略得当。

(4) 主体性

教材注重引导学生积极参与教学活动过程,在学习活动的设计上倡导建立具有"主动参与、乐于探究、交流与合作"等特征的学习方式,使学生真正成为学习的主体,从而为终身学习打好基础,培养学生搜集和处理信息的能力、获取新知识的能力、分析和解决问题的能力及交流与合作的能力。

(5) 立体化

本教材是立体化教材,与本教材配套的中国大学慕课"电商运营实务"在线课程已被评为浙江省精品在线课程。本教材运用二维码技术,将案例分析、实操演示、情景视频、讨论、题库等内容进行了有机整合,成为本教材差异化、有竞争力的增值服务资源;二维码链接的课程与资源可随时更新,有效解决了教材内容相对固定和教学内容动态更新的矛盾。本教材还有利于教师开展翻转课堂,教学内容可根据学生的需要,让学生充分利用碎片化学习时间随时随地学习和自测。

本教材是校企合作的成果,由义乌工商职业技术学院周海容、朱景伟担任主编,义乌工商职业技术学院的金祖旭、陈青、王旭升担任副主编。周海容负责编写第1章、第2章、第3章,以及第6章的第二节和部分项目实训、第7章,朱景伟负责编写第4章、第5章及第6章的部分项目实训,金祖旭负责编写第5章,陈青负责编写第6章的第三节,王旭升负责编写第6章的第一节。浙江工贸职业技术学院的魏振峰审阅了书稿并提出了宝贵意见。

陈建生(义乌市云猫服饰有限公司)、胡艺潇(义乌市酷摇科技有限公司)、梁春风

（义乌首诺针织有限公司）、徐中骞（义乌市涵纳电子商务有限公司）、王方志（义乌市涵纳电子商务有限公司）为本教材的编写提供了大量素材和数据信息。参与本教材编写及资源整理工作的还有义乌工商职业技术学院的关春燕、邱阳、丁文云、杜渐、罗永红、李春丽、陈俏丽、程斌、丁琳芝，四川省威州民族师范学校的顺璐及阿坝师范学院的向昌成。

尽管编者在编写的过程中力求准确、完善，但教材中难免有不足之处，敬请广大读者批评指正，在此深表谢意！

编　者

2021 年 3 月

目　录

第 1 章　电商运营概述

第一节　电商运营基本原理 2
　一、电商运营的概念 2
　二、电商运营的核心工作 2
　三、电商运营的模式 3
第二节　电商运营的公式 5
　一、电商运营的基本公式 5
　二、电商运营的一般公式 7
第三节　电商运营岗位 8
　一、电子商务就业与创业形势 8
　二、岗位工作与团队配合 8
　三、基本岗位配置 8
　四、其他岗位配置 9
第四节　电商运营的思维 10
　一、用户思维 10
　二、产品思维 10
　三、私域流量思维 11
　四、数据化思维 12
　五、流程化思维 13
课后习题 13

第 2 章　网上开店基础

第一节　网上开店 17
　一、网上经营的合法性 17
　二、网上开店流程 21
第二节　商品发布 25
　一、淘宝商品标题制作 25
　二、淘宝店铺运费模板设置 32

三、淘宝商品发布流程	34
第三节 网店日常事务管理	38
一、宝贝管理	38
二、交易管理	40
项目实训	42
一、实训目标	42
二、实训项目 1	43
三、实训项目 2	43
四、实训项目 3	43
课后习题	44

第 3 章　视觉营销与策划

第一节 网店视觉营销概述	47
一、视觉营销的定义	47
二、网店视觉营销的意义	47
三、商品价值的挖掘	48
第二节 视觉策划	51
一、主图策划	51
二、详情页策划	52
三、短视频策划	58
第三节 店铺装修	59
一、浏览路径	59
二、首页装修	61
三、首页视觉效果数据分析	65
四、详情页装修	67
项目实训	69
一、实训目标	69
二、实训项目 1	69
三、实训项目 2	69
课后习题	70

第 4 章　电商数据分析

第一节 宏观市场数据分析	75
一、电商数据分析的定义	75

二、市场容量及生命周期分析 75
　　三、市场集中度分析 77
　　四、消费者结构分析 78
第二节　中观店铺数据分析 79
　　一、访客数量 80
　　二、转化率 82
　　三、客单价 84
　　四、复购率 85
第三节　微观商品数据分析 88
　　一、上架前分析 88
　　二、上架后分析 91
项目实训 96
　　一、实训目标 96
　　二、实训项目 96
课后习题 99

第 5 章　网店推广

第一节　站内搜索流量运营 103
　　一、PC 端搜索流量 103
　　二、手淘搜索流量 105
　　三、自然流量运营技巧 107
第二节　站内付费流量的运营 109
　　一、直通车推广 109
　　二、钻石展位推广 113
第三节　官方活动推广 115
　　一、天天特卖活动 116
　　二、"双 11"购物狂欢节活动 118
第四节　网店站外推广 119
　　一、淘宝直播 119
　　二、淘宝客推广 121
项目实训 125
　　一、实训目标 125
　　二、实训项目 1 125

三、实训项目 2 127

课后习题 128

第 6 章 网店客服

第一节 网店客服概述 133
 一、网店客服的概念 133
 二、网店客服的作用 133
 三、网店客服的素质要求 134
 四、网店客服的知识要求 134

第二节 网店客服沟通技巧 136
 一、客服语言技巧 136
 二、旺旺使用技巧 137
 三、处理价格异议 139
 四、处理交易纠纷 139

第三节 客户关怀与客户忠诚度管理 141
 一、客户关系管理 141
 二、客户关怀 145
 三、客户忠诚度管理 148

项目实训 156
 一、实训目标 156
 二、实训项目 1 156
 三、实训项目 2 157
 四、实训项目 3 159

课后习题 162

第 7 章 仓储及进销存管理

第一节 网店仓储管理基础 166
 一、仓储管理规范 166
 二、商品编码 166
 三、仓储设备 169
 四、物流包装 171
 五、物流服务提供商的选择 172

第二节　进销存管理实务 173
　一、网店 ERP 173
　二、销售发货处理 174
　三、销售统计与分析 176
　四、采购管理 182
　五、入库管理 182
　六、盘存管理 183
项目实训 184
　一、实训目标 184
　二、实训项目 1 184
　三、实训项目 2 184
　四、实训项目 3 185
课后习题 185

参考资料

第 1 章 电商运营概述

 学习目标

知识目标：

- 掌握电商运营的概念及核心工作内容。
- 理解电商运营的主要模式。
- 掌握电商运营的基本公式和一般公式。
- 熟悉电商运营岗位的设置。
- 掌握电商运营的思维。

能力目标：

- 能组建分工明确的电商运营团队。
- 能初步运用电商运营思维指导电商运营实践。

素质目标：

- 培育并践行社会主义核心价值观。
- 培养电商运营人员的团队精神和职业道德。

 思维导图

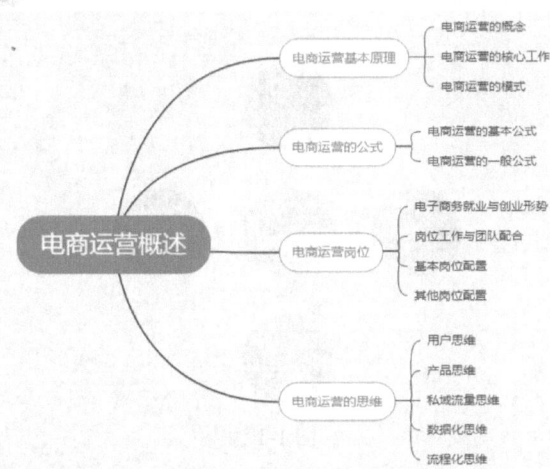

"苹果宝宝"案例

第一节　电商运营基本原理

一、电商运营的概念

电商运营的基本原理

　　从世界范围来看，电子商务的发展始于 20 世纪 90 年代。随着互联网技术和信息技术有了突破性的进展，互联网在商业领域中的应用越来越广泛，并渐渐成为我们日常生活中的一个组成部分，电子商务逐渐兴起。阿里研究院对电子商务的定义为：电子商务是指通过以互联网为主的计算机网络进行商务信息、商务管理和商务交易等的商务活动。

　　与传统商务相比，电子商务具有交易效率高、交易成本低、交易覆盖面广、交易透明度高、交易协调性强等方面的优势。

　　那么，什么是电子商务运营（电商运营）呢？

　　电子商务运营包括了三个概念："电子"+"商务"+"运营"。这里的"电子"的概念是狭义的，仅仅指"互联网"。电子商务指通过"电子"的工具，使"商务"的参与者，如买家、电商卖家、带货主播、工厂等高效协同。买家足不出户就可以进行"消费"；电商卖家不用租用实体店面就可"销售"产品；带货主播不用直接面对客户就能"推销"产品；工厂可以通过买家需求来定向生产产品。运营，就是最终将这一切变成现实的工作总和。从宏观来看，电子商务运营，就是通过一系列电子化工具的使用，对整个商业形态进行升级。

二、电商运营的核心工作

　　电商运营的核心工作一般分为四部分：产品运营，流量运营，用户运营，数据运营，如图 1-1 所示。

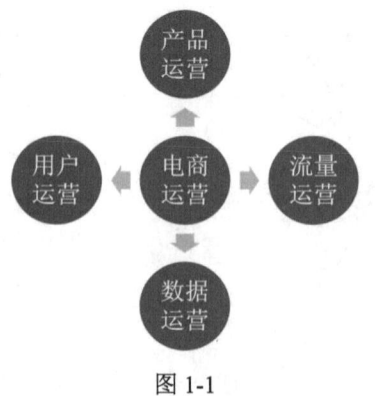

图 1-1

产品运营，主要指相关人员通过市场分析，对产品进行定位。对于电商卖家来说，在准备做电商前就要考虑清楚自己的经营范围并做好选品。只有进行了产品定位，相关人员才能制订推广营销计划。做好产品定位是电商运营的核心工作。产品定位包括对产品的用户群、规格、价格、包装等方面进行定位。

流量运营，主要是指相关人员策划各种营销推广活动，包括针对商品打折的活动，优惠券设置，投放各种线上广告（如直通车、钻石展位等），开拓新的流量渠道（如邮件、新媒体、社群、线下实体）等。

用户运营，主要是指相关人员围绕用户的留存、促活和拉新开展一系列的活动。其工作主要分为两部分：一部分是客户服务，包括售前、售中、售后的服务；另一部分是客户关系管理和客户忠诚度管理，主要是提升用户满意度和忠诚度，引导用户二次购买，建立会员体系等。

数据运营，贯穿整个电商运营的全过程，为整个电商运营过程提供数据支持，指导电商运营团队进行科学的决策。本书将电商运营中的数据分析分为三个层级：宏观市场（市场容量、市场集中度、消费者结构等）分析、中观店铺数据（访客数量、转化率、客单价等）分析和微观单品数据（产品定价、用户搜索习惯、流量等）分析。

除了以上四项核心工作，电商运营还包括视觉设计、网店日常维护、仓储与进销存管理等工作。电商运营各环节的所有工作互相影响，不可割裂，共同形成了一个电商运营的生态闭环。产品、视觉、推广、客服、仓储、数据分析等各个环节都无法独立存在，必然受到其他环节的影响。

三、电商运营的模式

电子商务涵盖的范围越来越广，电子商务的主要模式可以分为四种类型，分别是 B2B（企业对企业）、B2C（企业对个人）、C2C（个人对个人）和 O2O（线上到线下或线下到线上）。

1. B2B（Business-to-Business）

B2B 是指企业与企业之间通过互联网或各种商务网络平台，完成商务交易的过程。这一过程包括发布供求信息、下单、支付及物流配送等过程。阿里巴巴（1688.com）、义乌购（yiwugo.com）、中国制造网（Made-in-china.com）等都是 B2B 的电子商务平台。

B2B 电子商务的模式多种多样，主要包括综合模式 B2B、垂直模式 B2B 和自建模式 B2B。

（1）综合模式 B2B

综合模式 B2B 是将各个行业中相近的交易过程集中到一个场所中，为企业的采购方和供应方提供交易机会。例如，阿里巴巴、义乌购、中国制造网等，这类网站只提供一个交易平台，既不拥有产品，也不经营商品，利用平台将销售商和采购商汇集到一起，采购商可以在平台中查到销售商的相关信息或者销售商品的相关信息，也可以直接在平台中进行相对较大金额的交易。

（2）垂直模式 B2B

垂直模式 B2B 是指面向制造业或某个商业领域的垂直 B2B。生产商或商业零售商建立垂直 B2B，让有此产品需求的经销商、需求方可以直接在平台中完成交易，建立网上的供销贸易关系。垂直模式 B2B 的客户相对比较集中，大多是某一个行业内的从业者。垂直模式 B2B 的主要代表如中国化工网、上海钢联等。

（3）自建模式 B2B

自建模式 B2B 是大型行业龙头企业基于自身的信息化建设程度，以自身产品供应链为核心，搭建行业化电子商务平台。行业龙头企业通过自建的电子商务平台，串联起行业整条产业链，供应链上下游企业通过该平台实现信息沟通、交易。

2. B2C（Business-to-Customer）

B2C 是指企业对个人的一种电子商务模式，即企业通过互联网，直接面向个体消费者进行销售产品、服务等一切商务活动。它包括网上零售、网上信息查询、服务订购等活动。天猫、京东、亚马逊、小米网、华为商城等都是典型的 B2C 电子商务平台。企业在电子商务平台开设网店，消费者在网上下单、支付，完成交易。2019 年我国网上零售额已经达到了 10.6 万亿元，较 2018 年增长 16.5%。从长远来看，随着互联网用户数量的快速增长，B2C 电子商务将会快速发展，并将最终在电子商务领域中占据重要地位，成为推动电子商务发展的主要动力之一。

B2C 可以从不同角度分为不同的类型，一般我们熟知的是：综合类 B2C，垂直 B2C 和直销型 B2C。

（1）综合类 B2C

综合类 B2C 网上平台商品种类丰富、购物群体庞大、购物体系完整，如同现实生活中的商城一样。综合类 B2C 电子商务平台一般都有强大的公司背景、稳定的网站平台、完备的支付体系、诚信安全的交易体系和便捷的物流体系，对入驻商家也有相应的资质要求，因而其所售卖的商品的品质也相对有保障。综合类 B2C 的典型代表如天猫、京东、亚马逊、速卖通等平台。

（2）垂直 B2C

垂直 B2C 是指个人或企业就某一个行业深入整合供应链，从而形成针对此领域的专业的电子商务购物平台。垂直 B2C 电子商务平台所经营的商品品类相对单一，必须做深做精、维护好客户群，才能使该电子商务平台长久、稳定地发展。例如，以经营母婴类商品为主的贝贝网，以经营图书为主的当当网等。

（3）直销型 B2C

直销型 B2C，是指企业通过自建网络销售体系进行自有商品售卖的电子商务模式。直销型 B2C 可以省掉很多中间环节，大大降低消费者的购买成本。直销型 B2C 正成为很多大型企业的主要销售渠道之一。直销型 B2C 的典型代表如小米网、华为商城等。

3. C2C（Customer-to-Customer）

C2C 是个人对个人的电子商务模式，其特点类似于现实商务世界中的跳蚤市场。在这种交易模式下，个人（消费者）将商品信息发布到电子商务平台，买卖双方通过网络达成交易。C2C 最大的特点就是个人（消费者）利用大型电子商务平台，以免费或者比较少的费用在网络平台上销售商品。C2C 的典型代表如淘宝网、eBay、京东拼购等。

4. O2O（Online to Offline/Offline to Online）

O2O 可以理解为线上到线下的电子商务模式，或者线下到线上的电子商务模式。伴随着大数据分析、云技术、社交工具、移动支付等新技术、新工具的应用，零售 O2O 实现了跨越式发展。传统零售或者服务行业往线上走，如携程网、美团网、优衣库网上商城等。在这种模式下，线下商家可以在线上揽客；消费者可以在线上筛选服务，成交后可以进行线上结算，从而达到规模效应。但与此同时，电子商务往线下走，也是一个新趋势。如知名电商品牌"茵曼"开设线下实体店，入驻百货商城。

随着互联网本地化电子商务的发展，信息与实物之间、线上与线下之间的联系变得更加紧密。O2O 让电子商务进入了一个新阶段。

第二节　电商运营的公式

一、电商运营的基本公式

电商企业的最终目标都是赚取利润，而利润的基础是销售额。在电子商务领域中，有一个著名的成交公式：

电商运营的公式

销售额 = 流量（访客）× 转化率 × 客单价

从以上公式我们可以看出，在电商运营的过程中，要想提高销售额，可以从这三个方面入手，分别是：流量、转化率和客单价。后续的运营工作，主要是围绕这三个方面展开的。

1. 流量的构成

流量（Unique Visitor, UV）：指访客数量（也叫作独立访客），是全店各页面的访问人数，一个用户在一天内多次访问一个店铺被记为一个访客。流量的构成主要有免费流量、付费流量、站内流量和站外流量，如图 1-2 所示。

随着互联网人口红利的消失，各大电商平台流量之争越来越激烈，获得流量的成本越来越高。在电商运营的过程中，我们一方面要考虑建立多个流量渠道和入口，尽可能多地吸引精准访客，同时又要考虑在引流的过程中降低网店的获客成本，提高投入产出比。

2. 转化率漏斗

根据客户的购物行为轨迹，购买转化率可以分为浏览转化率、下单转化率和付款转化率，如图 1-3 所示。

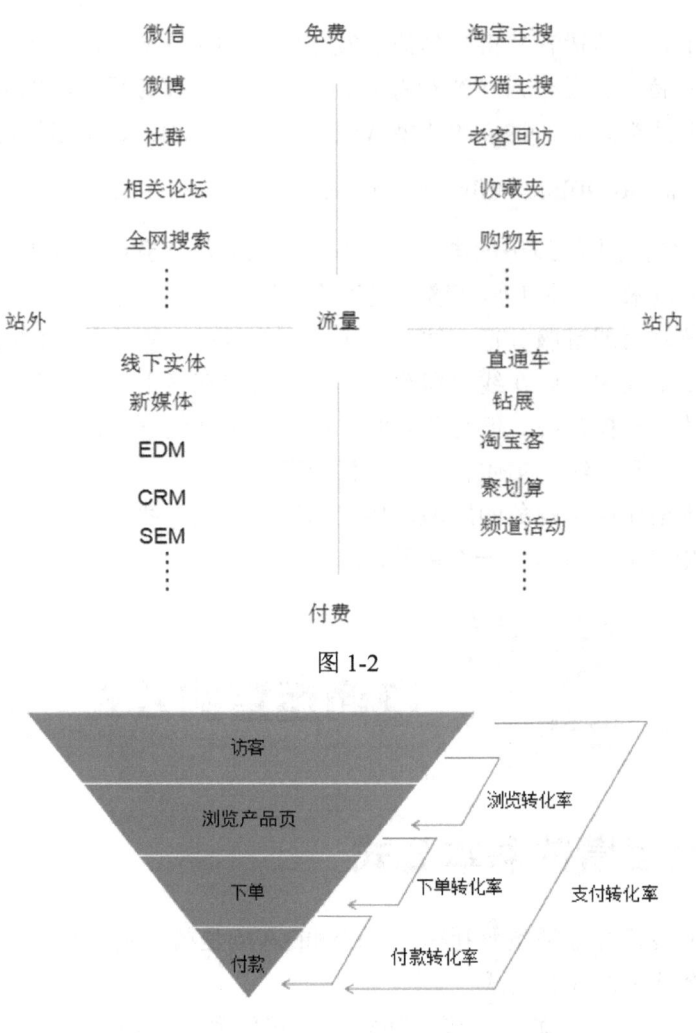

图 1-2

图 1-3

① 浏览转化率：访客从任意渠道来到网店，并浏览了产品页（主图、主图视频、产品直播、详情页），其数量占总访客数量的比例。

公式为：　　浏览转化率 = 浏览商品详情页访客数量 / 总访客数量

用户浏览了产品页，才会有更大的购买可能，如果能把用户从站外、店铺首页、活动页等地方引导到产品页，就增加了成交概率，也说明引流有效。

② 下单转化率：下了订单的访客数量占浏览过商品详情页的访客数量的比例。

公式为：下单转化率 = 下订单的访客数量 / 浏览商品详情页的访客数量

③ 付款转化率：下了订单并付款的人数占总下单人数的比例。

公式为：　　付款转化率 = 付款访客数量 / 下单访客数量

通常，我们用总的"支付转化率"来衡量店铺"承接流量的能力"。

公式为：　　支付转化率 = 支付成功的访客数量 / 总访客数量

通过转化率漏斗，我们可以看到，从浏览到最终支付这个过程中，客户在不断流失。任何一个小因素都可能造成客户的流失。转化率高意味着流量的使用效率高，如果花费大量的时间和资金引导到店铺的流量不能最大化地转变为购买量,就是运营失败的地方。因此,我们要深入分析和解决客户未购买商品的原因,如价格、产品描述、商品评价、客户服务等,综合提升浏览转化率、下单转化率和付款转化率。

3. 客单价

客单价:指网店每一个客户的平均交易金额。

公式为: 客单价 = 销售额 / 成交客户数量

影响客单价的主要因素包括产品定价、关联营销和客服推荐,如图1-4所示。

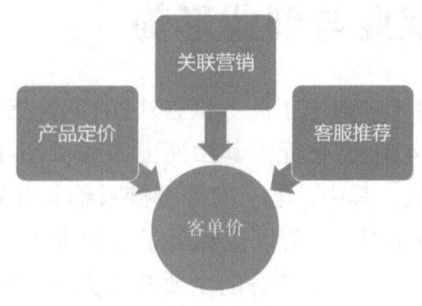

图1-4

产品定价,尤其是店铺产品的平均价格,是决定客单价的首要因素,这里并不是说产品的价格定得越高越好,产品定价更不是盲目的和随性的,而是要在做好竞品市场和客户需求的调研与分析的基础上,综合店铺定位、品牌定位、产品线定位、活动促销等各方面因素才能确定其合理的价格区间。

关联营销,是指通过某种形式的暗示和推荐,让买家对多个商品产生兴趣,并使其最终实施购买行为。

客服推荐,是指网店客服为买家做好导购,为买家推荐多款其可能喜欢的产品,促成买家购买多款商品的行为。

✅ 二、电商运营的一般公式

跳失率(Bounce Rate, BR):指在一天内的访客数量中,只浏览一个商品的访客数量的占比。

公式: 跳失率 = 商品浏览量为1的访客数量 / 店铺总访客数量

该值越低表示流量的质量越好。多天的跳失率为各天跳失率的日均值。例如,某访客首次进入店铺,浏览了一个商品,就离开了,算一个跳失客户。

人均浏览量:即访问深度。

公式: 人均浏览量 = 统计时间内的浏览量 / 访客数量

平均停留时长。

公式:平均停留时长 = 所有终端访客在该商品详情页面上停留的总时长 / 所有终端访客访问商品详情页面的次数

人均浏览量越多,平均停留时长越长,表明用户对网店中的商品越感兴趣。

网店获客成本：指网店获取新客户所产生的费用。

公式：网店获客成本 =（营销总费用 + 销售总费用）/ 获取新客户的数量

第三节　电商运营岗位

一、电子商务就业与创业形势

电商运营的岗位

据商务部《中国电子商务报告（2019）》指出，2019 年，中国电子商务交易额达到 34.81 万亿元，其中网上零售额超 10 万亿元，电子商务从业人员超 5000 万人。其中，电子商务直接吸纳就业和创业人数超 3000 万人。电商创业的门槛相对低，所以也吸引了一大批年轻人，特别是大学生进行电商创业。根据数据统计，"90 后"是电子商务的主要从业人员，"00 后"也正在加入电商就业和创业的大军。由于电子商务的迅速发展，需要大量的专业人才，特别是电子商务领域中的关键岗位，如电商运营、视觉美工、推广专员、客服、主播等岗位人员更是供不应求。

二、岗位工作与团队配合

目前，电商行业已经发展成为一个规范化、规模化的热门行业。打造一支配合默契、执行高效的运营团队是电商项目成功的关键。传统的电商岗位如店铺运营、推广专员、视觉美工、客服、仓储物流等都是电商企业中的必备岗位，还有细分的岗位如直通车专员、数据分析专员等，新兴的岗位如网店主播、新媒体专员等。电商企业要根据自身的规模和实际情况，设置合理的岗位及人员。

三、基本岗位配置

1. 店铺运营

店铺运营岗位是整个团队中的核心岗位，相关人员能够对全店运营进行把控，负责团队的分工、协调和监督工作，以此提高整个团队的配合程度和工作效率。店铺运营人员能够制订店铺的短期发展规划、中期发展规划和长期发展规划；负责店铺定位、产品布局和卖点挖掘；负责网店的日常维护和诊断，熟悉市场变化和规则，保证网店的正常运作，优化网店及商品排名。

2. 推广专员

推广专员主要负责网店营销推广，提高店铺浏览量及产品点击率。负责制定店铺营销推广方案并完成店铺销售业绩；根据店铺数据，合理分配和优化店铺免费流量、付费流量、站内流量及站外流量；报名参加平台活动，并提前做出规划，引入精准流量。

3. 视觉美工

视觉美工岗位的相关人员主要负责网店及产品的视觉规划、设计和优化。电子商务与传统商务不同，买家无法在购买商品之前，获得商品的实物性体验，电商卖家依靠向买家提供文字、图片、视频等虚拟信息来吸引买家的注意，打消买家的购物疑虑，激发买家的消费欲望并促使买家做出购买决策。因此，视觉美工岗位的相关人员对商品信息及卖点的准确表达显得尤为重要。

4. 客服

网店客服是联系卖家与买家之间的纽带，主要负责接待和服务买家。客服的工作一般包括买家答疑、店铺推广、促使买家做出购买决策、完成销售、售后服务、促成订单、店铺推广等。客服在产品的销售、网店的推广及客户维护等方面均起到了非常重要的作用，不可忽视。

5. 仓储物流

仓储物流岗位的相关人员主要负责商品入库、出库及包装、发货。仓储物流岗位的相关人员需规范作业标准及流程，严格执行仓库的规章制度。物流是网店运营的关键环节，仓储配送是客户满意度的重要保障。

四、其他岗位配置

1. 网店主播

近年来，直播电商迅猛发展，显示出其强大的营销能力。国内大型电商平台如淘宝、京东、拼多多、唯品会等纷纷推出直播功能，开启直播导购模式。直播主体可以分为商家自播和达人直播。商家自播的主播多为店铺或品牌商自有员工，成本低，直播场次多，但是引入流量不高。达人主播成本高、直播场次少，但是引入流量高。2019年"双11"期间，淘宝顶级主播薇娅当天的带货金额超过 27 亿元，这个数字已超过中国大多实体购物中心一整年的销售额。直播间看似风光的工作背后，是对网店主播综合能力的考量。主播需要具有场控管理能力、招商能力、互动能力、带货能力、官方活动运营能力等多方面的能力。

2. 新媒体专员

新媒体专员负责网站、官方微博、微信等平台的日常内容的撰写与运营；收集和研究行业热点话题，结合新媒体特征，对网站内容、微博、微信进行实时调整和更新；负责搭建目标用户社群，通过持续的有温度的内容输出，提高社群的活跃度和黏性；能够不断开发并整合各种互联网资源，如论坛、博客、邮件、软文、QQ、微信、贴吧，以吸引更多买家进入网店并做出购买决策，提升企业网络推广的效果。

第四节 电商运营的思维

一、用户思维

电商运营的思维

电商运营者的运营思维是用户思维，用户思维也是互联网思维的核心。用户思维，是指在价值链的各个环节中都要"以用户为中心"去考虑问题。

现在，我们处在一个产品过剩的年代，用户对产品有更多的选择。传统商务是"货-场-人"，即企业先生产产品，再找到销售产品的场所，最后将产品卖给消费者，如今，这样的逻辑已经行不通。现在的网络零售是"人-货-场"，即企业先知道产品的用户是谁，怎么样连接用户和经营用户，然后根据用户需求生产产品。所以，运营者必须在产品设计、研发、呈现、价格的制定、沟通和服务各个环节中树立以用户为中心的理念，让用户参与其中。

用户就是这个网络零售项目或者某商品的目标用户。我们要尽可能地统计和分析目标用户的主要性别、年龄阶段、职业、主要生活区域、可支配收入等。对于目标用户基本情况的掌握，有助于我们在产品和服务方面有针对性地进行优化和突破。

随着电子商务的竞争越来越激烈，技术层面的主导作用已经完全不在，线上和线下的商业本质重回一致，唯有用好的产品和好的服务打动客户，并持续保持下去，才能在市场中占得一席之地。

二、产品思维

对于电商卖家来说，产品无疑是整个网络零售的中心，一切营销手段和方法，都只是提供了一个让商品到达消费者的渠道。互联网的快速传播，让产品更新迭代的速度加快，随着互联网产品时代到来，得产品者得天下。

1. 细分

能把一个产品、一种风格、一个定位、一个细分市场做到极致、专注、少即是多，就是电子商务的一种思维模式。

电子商务和线下零售相比，线下零售面对的是一个局限性、地区性的市场，而电子商务面对的是一个相对比较大的、全局性的市场。一个细分小众类产品在线下零售场所受基础人流的限制，往往很难做大做强，但电子商务因为覆盖率更高，能把更多小众人群集中化，因此可以形成一个较大规模的细分小众类产品市场。细分市场不是根据产品品种、产品系列进行划分的，而是从消费者的角度，即消费者的需求、动机、购买行为的多元化和差异化进行划分的。

在互联网中，企业在细分市场中更容易精准定位自己的目标客户，发现市场商机，集中人力、财力、物力等资源对目标市场进行投入，产生规模化效应。例如，我们提到精油就会想到阿芙、提到民族服饰就会想到裂帛、提到坚果大礼包就会想到三只松鼠等。

2. 快速迭代

产品迭代是指产品快速地适应不断变化的市场需求，企业不断推出新版本的产品满足或引领市场需求，永远快于对手一步。产品迭代是产品生命周期中非常重要的一环，好的产品迭代能够让产品契合市场需求，从而进一步优化，延长产品生命周期。

由于互联网的辐射面广，如南方地区的居民还在穿单衣，北方就已经下雪了，店铺就可能出现提前销售某一季节产品的情况。另外，由于互联网的开放性，优质产品极易在短时间内被竞争对手发现并模仿。这就要求电商商家有较强的时间把控能力。而和线下不同的是，电商渠道销售的产品与用户需求之间的连接更紧密，这就导致电商产品的生产商不能完全参考线下的生产模式，而是在大量的客户需求产生前要抢先设计、研发产品，抢先进行市场测试，抢在竞争对手之前进行产品的更新迭代就变成了一种制胜的模式。

快速迭代离不开创新。在互联网中，创新并不一定要求产品拥有花样百出的造型或者多样化的功能。产品的创新要求从细节入手，从用户入手，贴近用户思维，可以让用户参与新品的研发和改进。

3. 服务即产品

产品不仅仅指要销售的"商品"，还包括"服务"。服务是贯穿"商品"整个销售环节的重要因素。在淘宝平台中有数以亿计的产品，这里真的不缺产品。只关注性价比的商家，注定会最终陷入价格的泥沼中，只有关注服务的商家才能逆流而上。

真正去体会服务即产品的内涵，要把服务当成一种体系，当成一种产品来研发。电商企业的相关人员要根据消费者模型，判断其喜好，有针对性地与之进行互动、进行产品调研、话术梳理，做好客户售后维护及长期关怀，同时，客户的售后维护方法要新，态度要真，范围要广，时间要久。例如，国产彩妆品牌花西子的服务体系一直在不断升级，力求为买家提供极致服务。在买家购买产品后，花西子会为买家提供顺丰物流服务、东方情书、会员生日礼等。花西子坚持以短信的方式传递关怀，除了给买家发送其所购买产品的物流进度和产品教程，花西子还会给买家发送自然灾害和极端天气提醒，用实际行动赢得买家的好感。

三、私域流量思维

私域流量不仅是一个概念、工具、方法，它更是一种思维。"私域流量"的概念最早是由阿里巴巴提出的，一般定义为：相对低成本，可反复利用的、可随时触达的、自有的流量。

与私域流量对应的是公域流量。公域流量是指为平台所有，一次性使用，需要付费的流量。例如，淘宝、京东、百度等对外开放的平台所提供的流量就是公域流量。

2019年,私域流量被推到风口浪尖,最根本的原因是互联网人口红利消失导致公域流量成本提高。据已有数据测算,淘宝、京东的获客成本都已经超过了200元,百度关键词的竞价10年间上涨了十几倍。除了获客成本高涨,难度大,公域流量还是一次性的,每次用户的触达都需要以有偿方式获得而且用户具有不可控性。

如果说公域流量代表的是流量思维,私域流量体现的则是用户思维。私域流量的获得者拥有自己的用户体系,用户触达更精准、更便捷,转化率、客单价和复购率也更高。私域流量的主要载体包括个人微信号、企业微信、社群和小程序。其中,个人微信号是商家建立私域流量池的首要选择,也是目前触达客户的最直接和高效的沟通工具。

如何从0到1搭建私域流量池?我们要记住一点:用户在哪里,私域流量就在哪里。私域流量有五大来源。一是线上、线下的店铺、门店和行业展会等。二是付费引流,包括在百度、淘宝、京东等主流社交媒体平台、自媒体平台、电商平台上投放的广告,可以把流量从公域流量池引流到自己的私域流量池。三是自建社交媒体账号,做好内容营销,获取精准的私域流量。主流社交媒体平台有微信公众号、抖音、快手、喜马拉雅FM等,可以发图文、视频、音频等内容。如果我们能推出优质的内容,做好内容营销,讲好自己的故事,用内容链接用户,筛选用户,就可以获取源源不断的精准流量。四是用存量带增量。流量分为存量和增量。现在无论是谁,获取流量都是不容易的。那我们就别只想着怎样寻找新的用户,还要想着怎样把存量的用户激活,把存量用户运营好。寻找增量和盘活存量是一体两面,要两手抓,两手都要硬。用存量带增量就需要我们精细化运营,这本身也是必须要做的事情。存量用户运营好了以后,就会有新的传播,有转介绍,有新的用户。五是品牌即流量。在商业高度发达的社会中,我们其实已经沦为这个品牌或者那个品牌的"粉丝"。典型的粉丝行为如品牌联想指导下的购买及将产品分享给他人的冲动等。从短期来看,做品牌的成本较高,但基于品牌的持续性记忆、"粉丝"的口口相传及明星品牌的社会关注度的提高,品牌成本会边际递减,甚至归零。

四、数据化思维

在电商运营中,我们需要不断地做出决策:做什么行业,卖什么产品,定价多少,营销怎么做,广告如何投放,图片如何设计才能使点击率提高等。我们需要不断分析问题、解决问题:为什么同样价格的产品,别人卖得好、评论多?为什么产品设计水平一样,别人的店铺的转化率高、流量大、人气旺?无论是做决策还是分析问题,都需要有合理的参考,这个合理的参考就是数据。数据就是眼睛,它告诉我们之前的运营存在什么问题,现在正向哪个方向发展,将来会成为什么样子。相比于凭借感觉、假设、经验而做出的决策,基于数据的运营决策更加可靠。数据化思维就是建立自己的数据运营体系,学会分析不同数据之间的关系。

电商运营的全过程都离不开数据分析。相比于传统零售行业,电商运营部门在每一个环节中都有直接或间接的数据指标可以加以量化,并且这些数据指标的获得相对容易和准确。在一次运营开始前,我们需要结合市场数据与自身能力制订运营计划;在运营过程中,我们需要将运营计划拆解执行;在运营结束后,我们需要对运营数据进行总结、分析,方便在下一次运营时进行优化调整。数据分析是电商运营人员最基础的一项技能,合格的运营一定是数据驱动的运营。

五、流程化思维

电商运营是一项既关乎全局,又无比重视细节的工作。面对头绪繁多的工作,如何有条不紊地高效推进,是运营团队中所有成员要重视的问题。流程化思维能帮助我们厘清思路、把握主次、提高协作效率。流程化思维是指:思考工作时从整体到局部,按照流程顺序和参与者,将一切相关的活动步骤和内容进行梳理,然后不断优化的思考模式。简而言之,就是要先确定主干,再寻找枝叶。在电商运营过程中,流程化思维一般遵循三个步骤,如图1-5所示。

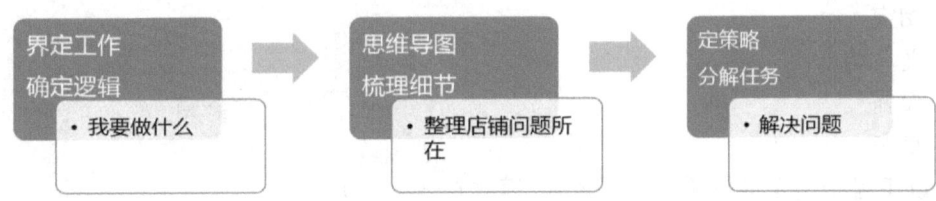

图 1-5

第一步,先确定一个运营项目到底要做什么(提出问题),界定工作的范围和逻辑;第二步,整理店铺的问题所在(分析问题),利用思维导图逐层分解问题,梳理工作细节;第三步,解决问题,确定解决问题的策略,按照团队资源分解落实工作任务。在实际运营工作中,可以通过流程化思维来帮我们将碎片化的信息进行系统化的整理,从而厘清思维的层次。例如,可以通过某个用户的完整的产品使用流程去判定我们在哪些环节做得不到位;可以通过画出某个运营项目的流程图,罗列各个环节应该做的事、应该分配的资源、应该监测的数据等。

课后习题

一、填空题

1. 电商运营的核心工作一般包括四部分,分别是_____、_____、_____和_____。

2. 销售额 = 流量 × _____ × _____。

3. 根据客户的购物行为轨迹,购买转化又可以从前到后分为浏览转化率、下单转化率和_____三个步骤。

二、判断题

1. 一个用户在一天内 8 次访问一个店铺被记为 8 个访客。（　　）
2. 人均浏览量越多，平均停留时长越长，表明用户对网店中的商品越感兴趣，用户体验越好。（　　）
3. 从转化率漏斗模型来看，转化率高意味着流量的使用效率高。（　　）
4. 客服只要负责接待与服务客户就好，其他事务不需要介入。（　　）
5. 电商企业要想做大做强，关键是靠运营能力特别强的个别人才。（　　）
6. 用户思维是电商运营的领导思维，也是互联网思维的核心。（　　）

三、选择题

1. 以下哪个电子商务交易平台属于 B2B 模式？（　　）

   A．淘宝

   B．义乌购

   C．天猫

   D．京东

2. 以下哪个电子商务平台属于 C2C 模式？（　　）

   A．eBey

   B．速卖通

   C．亚马逊

   D．小米网

3. 与传统商务相比，电子商务具有哪些优势？（　　）

   A．交易效率高

   B．交易成本低

   C．交易覆盖面广

   D．交易透明度高

4. 以下哪项不属于推广专员的职责范围？（　　）

   A．制定店铺营销推广方案

   B．报名参加平台活动

   C．优化店铺的流量

   D．产品视觉规划

5. 以下哪些工作职责是店铺运营人员的工作职责？（　　）

   A．负责团队的分工、协调和监督工作

   B．制订店铺的短、中、长期发展规划

   C．负责店铺定位、产品布局和卖点挖掘

   D．负责网店的日常维护和诊断

6. 私域流量的载体包括以下哪些？（　　）

   A．个人微信号

   B．企业微信

C．社群

D．小程序

四、思考题

1．调研大、中、小三种规模的电商公司，了解其运营部门岗位设置与职责划分，你认为是否合理？为什么？

2．除了四种主要的电商模式，你还知道哪些电商模式？它们分别有什么特点？

3．什么是客单价？如何提高网店的客单价？

4．近几年，电商圈最火的话题当属"私域流量"，什么是私域流量？私域流量产生的原因是什么？私域流量的特点是什么？如何搭建私域流量池？

第 2 章

网上开店基础

 **学习目标**

知识目标：

- 熟悉与电子商务相关的法律法规，特别是网上经营的合法性。
- 掌握网上开店的方法和技巧。
- 掌握商品发布的方法和技巧。
- 掌握淘宝店铺日常管理的方法和技巧。
- 掌握淘宝标题关键词的制作方法和技巧。

能力目标：

- 能进行淘宝平台的开店操作。
- 能在淘宝平台发布商品。
- 能制作商品标题。
- 能在淘宝店铺开展日常事务管理。

素质目标：

- 增强学生电商运营的法律法规意识。
- 培养学生精益求精的工作态度。

 **思维导图**

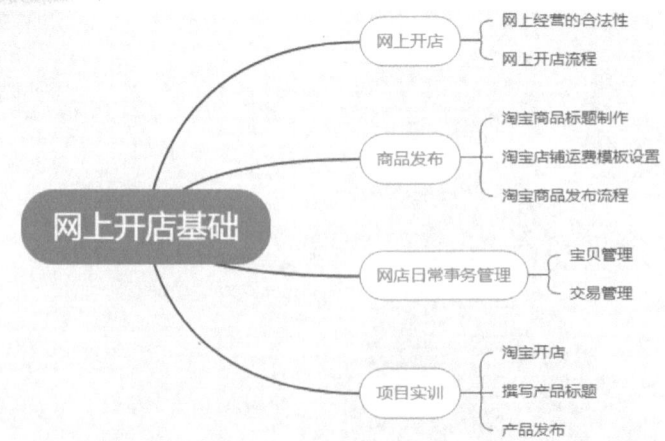

汉诺医疗科技案例

第一节 网上开店

一、网上经营的合法性

网上开店

随着电子商务的快速发展，电子商务给我们的生活、工作带来便利的同时，也带来了诸多问题，如售卖假冒伪劣产品、"刷好评"、侵犯知识产权、大数据杀熟等。2019年1月1日，《中华人民共和国电子商务法》（以下简称《电子商务法》）的实施标志着我国的电子商务进入了一个有法可依的良性发展轨道，填补了我国电商领域法律法规的空白，也开创了我国电子商务立法的先河。《电子商务法》共7章，对电子商务经营者、电子商务合同的订立与履行、电子商务争议解决、电子商务促进、法律责任等方面进行了规定。下面就第二章"电子商务经营者"里有关店铺入驻方面的条款进行深入讲解。

1. 电子商务经营者的身份、权利和义务

《电子商务法》第九条规定，电子商务经营者，"是指通过互联网等信息网络从事销售商品或者提供服务的经营活动的自然人、法人和非法人组织，包括电子商务平台经营者、平台内经营者以及通过自建网站、其他网络服务销售商品或者提供服务的电子商务经营者。"

需要注意的是，"电子商务经营者"包括在淘宝、拼多多、微店、小程序等平台上开店的个人卖家、代购、带货主播、微商等。

在《电子商务法》出台之前，在网上销售商品的卖家可以选择不进行工商登记，也就是说电商卖家没有工商登记的义务从而不需要纳税，也就导致了网上零售平台的不规范。《电子商务法》出台后，明确了电子商务经营者进行工商登记的义务和纳税的义务。《电子商务法》第十条规定："电子商务经营者应当依法办理市场主体登记。但是，个人销售自产农副产品、家庭手工业产品，个人利用自己的技能从事依法无须取得许可的便民劳务活动和零星小额交易活动，以及依照法律、行政法规不需要进行登记的除外。"《电子商务法》第十一条规定："电子商务经营者应当依法履行纳税义务，并依法享受税收优惠。依照前条规定不需要办理市场主体登记的电子商务经营者在首次纳税义务发生后，应当依照税收征收管理法律、行政法规的规定申请办理税务登记，并如实申报纳税。"

2. 行政许可

《电子商务法》第十二条规定："电子商务经营者从事经营活动，依法需要取得相关行政许可的，应当依法取得行政许可。"也就是说，在开店铺之前，相关人员要了解平台对于开店商家的资质要求，除了营业执照，特殊类目还需要提供经营许可证。下面以经营销售食品类产品的"食品经营许可证"为例,为大家展示申请流程。

① 打开浏览器进入淘宝网,登录卖家账户,进入卖家中心后台,如图2-1所示。

图 2-1

② 在卖家中心,找到"店铺管理"选项下的"店铺经营许可",如图2-2所示。

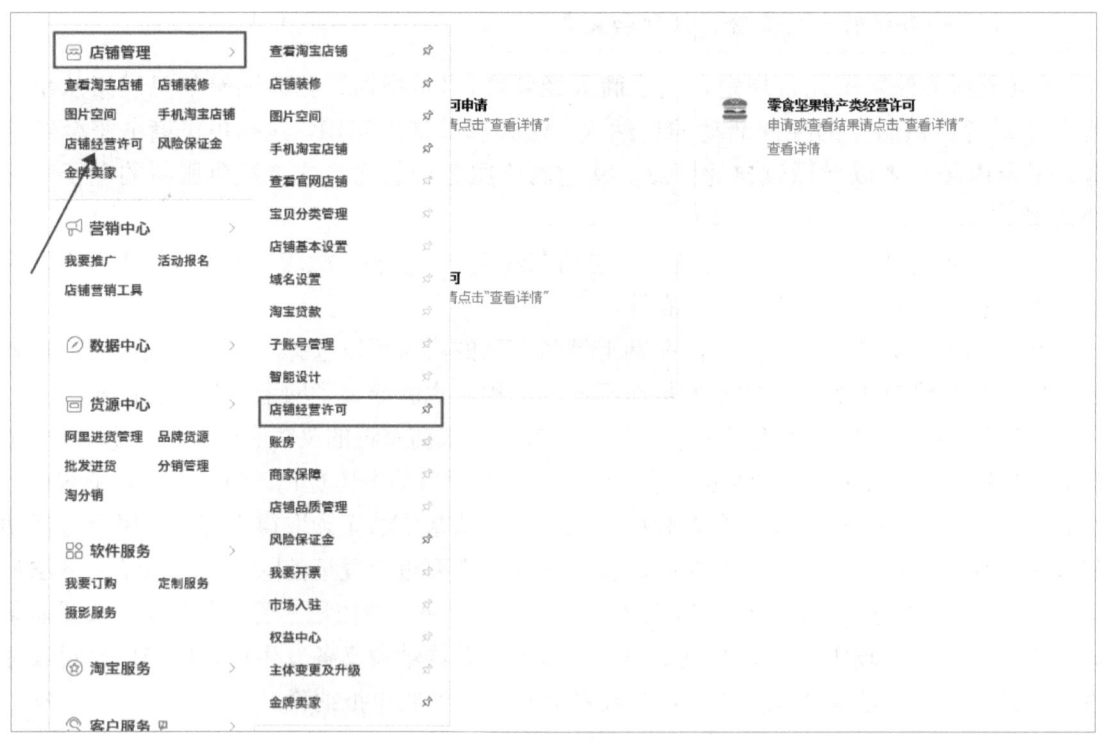

图 2-2

③ 选择自己要经营的特殊类目,点击进入,如图2-3所示。

④ 务必注意这里的"温馨提示",以确保符合情况,如图2-4所示。

⑤ 点击"添加证照",选择预先准备的证照类型并点击"确认"按钮,如图2-5所示。

我订购的应用
常用操作
已卖出的宝贝 评价管理
投诉管理 店铺营销工具
交易管理
已卖出的宝贝 评价管理
提前收款
自运营中心
淘宝直播
物流管理
发货 物流工具
物流服务 我要寄快递
商家裹裹寄件
宝贝管理
发布宝贝 出售中的宝贝
体检中心
店铺管理
查看淘宝店铺 店铺装修
图片空间 手机淘宝店铺
子账号管理 店铺经营许可
金牌卖家
营销中心
我要推广 活动报名
我是卖家 > 店铺管理 > 店铺经营许可
选择申请类别
二类医疗器械特种经营申请
申请或查看结果请点击"查看详情"
查看详情
准入须知
音像制品特种经营申请
申请或查看结果请点击"查看详情"
查看详情
准入须知
成人用品特种经营申请
申请或查看结果请点击"查看详情"
查看详情
宠物活体特种经营申请
申请或查看结果请点击"查看详情"
查看详情
图书特种经营申请
申请或查看结果请点击"查看详情"
查看详情
准入须知
酒类制品特种经营申请
申请或查看结果请点击"查看详情"
查看详情
茶冲饮类经营许可申请
申请或查看结果请点击"查看详情"
查看详情
零食坚果特产类经营许可
申请或查看结果请点击"查看详情"
查看详情
乳品特种经营许可
申请或查看结果请点击"查看详情"

图 2-3

有效证照 审核中的证照 审核不通过的证照 已失效证照 历史提交记录
温馨提示
1.请先提交营业执照凭证，营业执照审核通过后才可添加其他许可凭证。
2.所有证照提交后审核时间为2个工作日，只有完成证照审核并获得业务资质后才可正常发布商品。
3.商家所提交的证照请确保真实有效，若提供虚假凭证，均按照《淘宝规则》第70条，视为严重违规行为，将扣B48分并做清退处理。规则详情见：http://tb.cn/pKt64Ww
添加证照
业务资质 点此查看资质所需的证照要求
亲，您还没有获得任何资质，请先添加证照

图 2-4

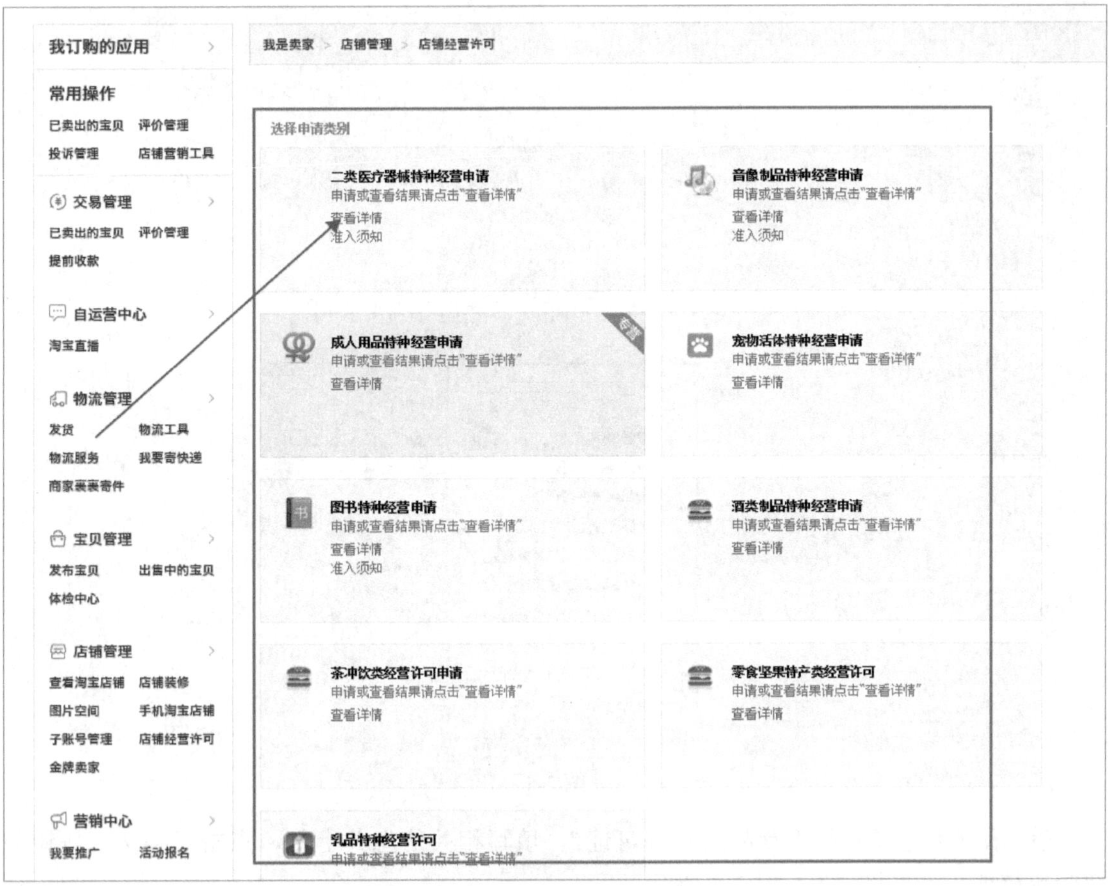

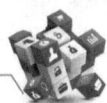

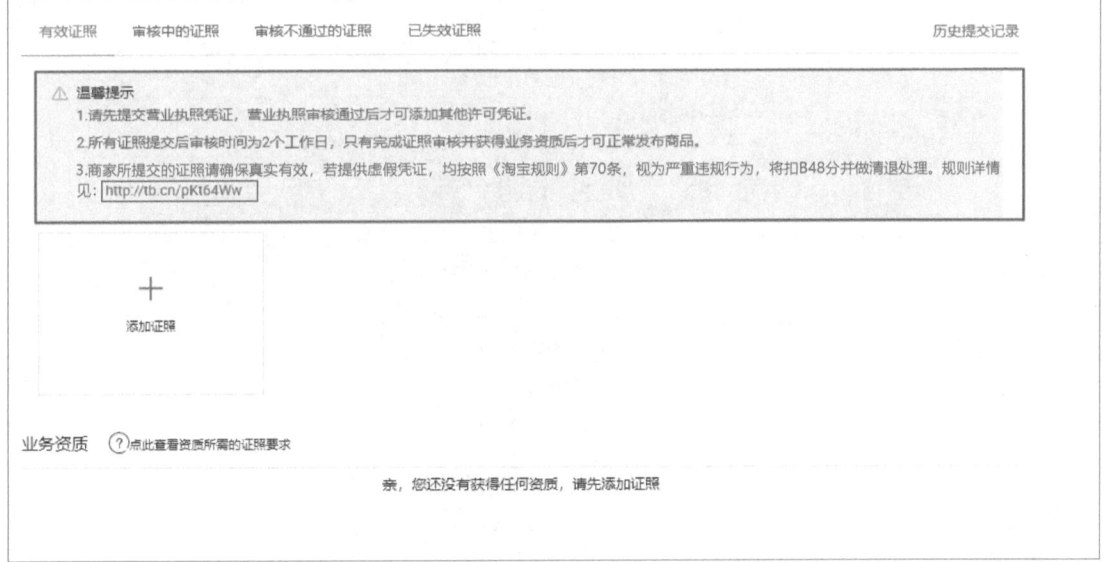

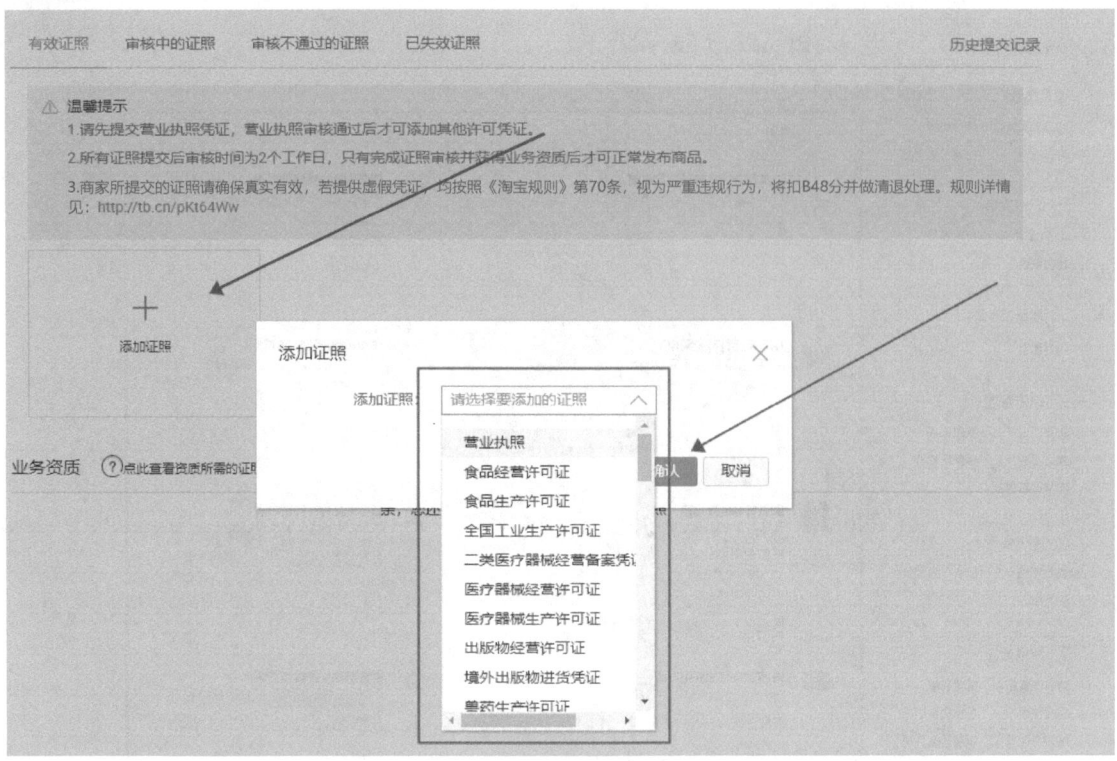

图 2-5

⑥ 示例中选择的是"食品经营许可证",填写相关信息并上传,点击"确认"按钮并提交审核即可,如图 2-6、图 2-7 所示。

图 2-6

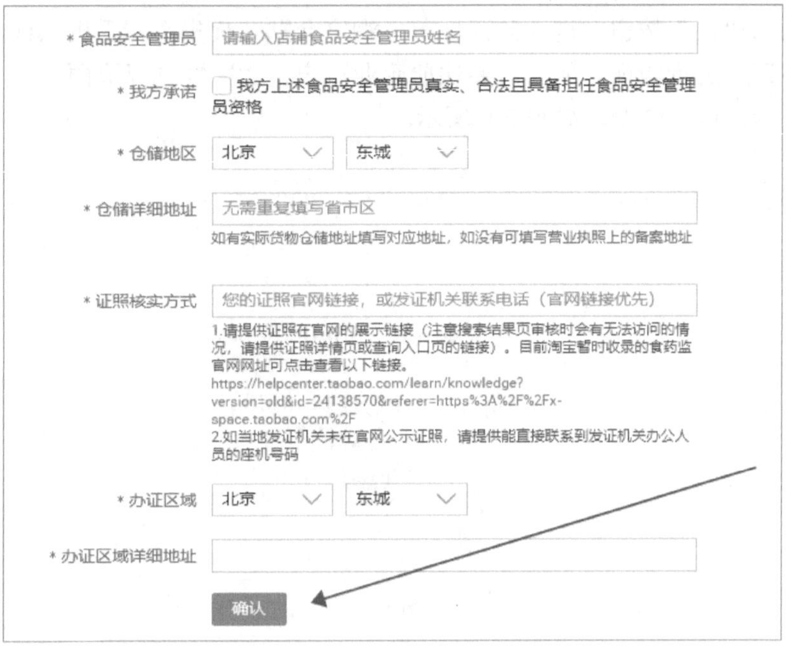

第 2 章　网上开店基础

图 2-7

✅ 二、网上开店流程

在淘宝平台开店的基础操作一共分为四个步骤，包括注册淘宝账号、支付宝账户绑定、支付宝实名认证、淘宝开店认证。

1. 注册淘宝账号

打开淘宝网首页（www.taobao.com），在左上角有"免费注册"入口。点击"免费注册"，打开"注册协议"页面，如图 2-8 所示。

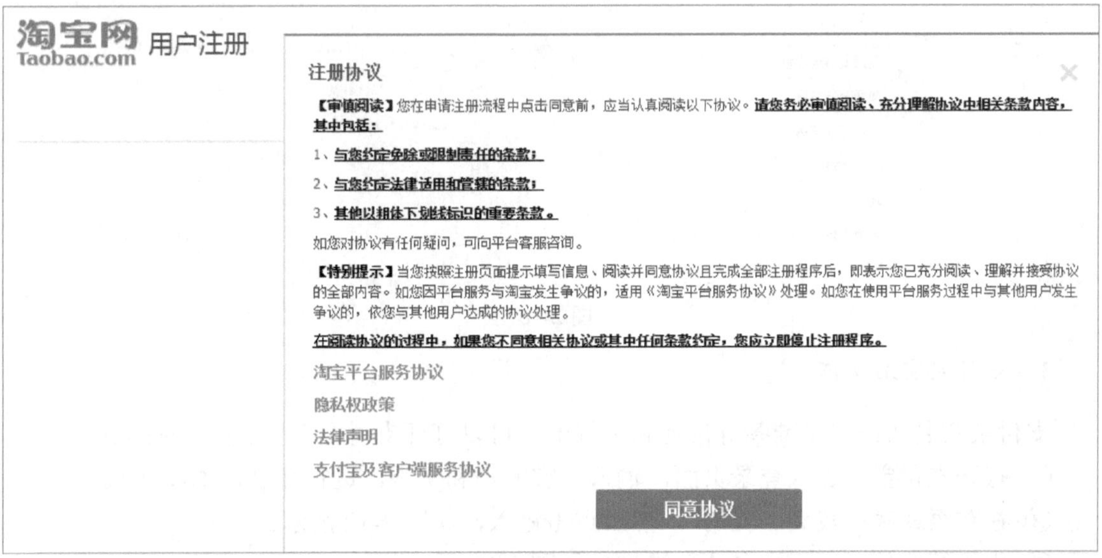

图 2-8

点击"同意协议"按钮，进入验证环节，淘宝会默认优先选择手机认证，卖家根据页面提示输入验证码进行验证。如果需要注册企业账户，卖家要选择页面下方"切换成企业账户注册"选项，进行注册，如图2-9所示。

图2-9

验证结束之后，需要填写账号信息，设置用户名和密码。

2. 支付宝账户绑定

登录淘宝网（www.taobao.com），进入"我的淘宝"—"账户设置"—"支付宝绑定设置"页面绑定支付宝账户，如图2-10所示。

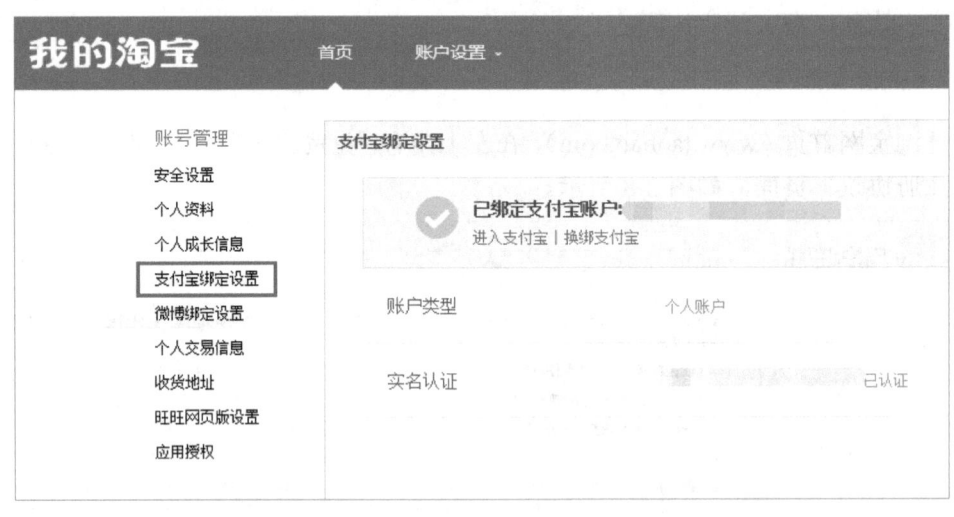

图2-10

3. 支付宝实名认证

支付宝实名认证需要准备身份证和银行卡。可以打开支付宝手机App进行认证。

① 打开支付宝，进入登录页面，输入淘宝账户和密码，进行登录，如图2-11所示。
② 在首页最底栏找到"我的"，然后点击进入，如图2-12所示。
③ 点击箭头处，进行实名认证操作，如图2-13所示。

第 2 章　网上开店基础

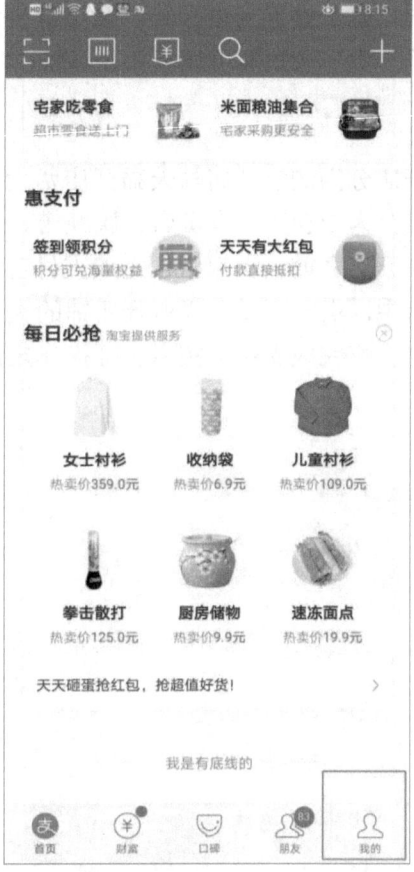

图 2-11　　　　　　　　　　　　图 2-12

图 2-13

023

根据提示设置支付密码，完成身份信息填写，银行卡信息填写，最后输入验证码，点击"下一步"按钮即可完成实名认证。

4. 开店认证

开店分为淘宝开店与天猫开店两大类。其中，淘宝开店分为个人店铺和企业店铺；天猫开店分为专营店、专卖店、旗舰店。

在开店之前，卖家必须完成支付宝实名认证环节。在完成支付宝实名认证之后，在淘宝平台中，卖家可以选择所开店铺的类型。

当卖家完成支付宝实名认证操作之后，进行"淘宝开店认证"的操作，如图2-14所示。

图2-14

点击"立即认证"按钮后，进入"淘宝身份认证资料"页面，请根据页面提示进行操作（系统会根据您的网络安全做出推荐）。卖家可以按照提示下载淘宝移动端软件。然后打开淘宝软件，登录开店的账号。点击左上角的"扫一扫"，进入验证页面，一般就是验证卖家的身份证拍照、验证卖家的经营地址、刷脸验证、动作验证等。

淘宝开店要进行身份验证。对于身份证照片的拍摄，需要特别注意以下几点。

① 身份证正面照的要求。
- 证件的头像要清晰，身份证号码清楚、可辨认。
- 必须和手持身份证照片中的身份证为同一身份证。
- 要求是未经修改的原图。

② 手持身份证照片内的证件信息必须完整、清晰，否则认证将无法通过。

③ 身份证有效期根据身份证背面（国徽面）准确填写，否则认证将无法通过。

淘宝平台的相关人员会在48小时内为提交认证申请的卖家完成认证，请耐心等待，无须催促。快的话当天就可以通过验证。如果有解决不了的问题可以直接通过百度搜淘宝网的客服联系方式，直接联系人工客服，解决开店认证过程中遇到的所有问题。

如果是企业店铺，卖家应提供营业执照、法人身份证件、银行对公账户等资料，申请认证。

第二节　商品发布

一、淘宝商品标题制作

1. 淘宝商品标题设置

商品标题制作

在商品发布之前，卖家首先要拟一个合适的标题。从宏观上来说，标题=N 个词=N 个市场=N 种人群=N 个价格段。这就需要卖家找到合适的关键词，满足关键词背后这类人的需求。关键词的作用是使系统识别商品，并将商品展示出来。每个关键词就是一个获得曝光量的渠道。如何获得更多的曝光量？第一，标题中使用尽量多的、与商品相关的关键词；第二，找到少部分数据非常好的词语。

（1）寻找合适的关键词

随着时间的推移及淘宝平台中商品的变化，目前比较有效的寻找关键词的途径主要有两个：第一，通过淘宝的搜索下拉框进行查看；第二，通过平台中的数据分析寻找合适的关键词。

在选择产品关键词之前，卖家需要确定商品的基础词，也就是产品名称。例如，一款衬衫，它的适用人群有哪些呢？是给女生穿的，那它的基础词就是衬衫女（如图 2-15 所示）。如果一部手机，是什么牌子的呢？它的基础词就是 iphone（如图 2-15 所示）。

衬衫女　　　　　　　　　　iphone

图 2-15

确定了基础词之后，接下来寻找更多的关键词。先来看第一个方法，搜索下拉框。无论是通过电脑去淘宝网搜索还是在手机淘宝上搜索，当我们在搜索框内输入任意一个关键词时，都会弹出 10 个相关的关键词，这十个词是近期淘宝平台中相关商品搜索热度比较高的词语，如图 2-16 所示。那么，接下来，我们就可以从中找到一些与自身产品匹配的词语。

图 2-16

第二种是通过数据分析寻找合适的关键词。在"生意参谋"里打开"市场行情"（需要订购），然后在"搜索分析"里输入"衬衫女"，系统会提供很多关键词数据，如图 2-17 所示。

图 2-17

通过这些数据分析，卖家可以初步筛选出自己需要的关键词。一般选择搜索人气高于 1000 的关键词作为备用的关键词。

（2）筛选出合适的关键词

筛选关键词有三个标准：第一，与商品匹配；第二，类目选择要正确；第三，基于数据进行筛选。

首先，与商品匹配，这个比较容易。例如，一款长款的裙子，不能在其标题里放入"短裙"这个词。

类目选择要正确是什么意思呢？例如，我们搜索"结婚礼物"，搜索结果展示出来的商品分属于不同的类目，如图2-18所示。

图 2-18

卖家要选择搜索人气最高的类目去做。如图2-18所示，人气最高的类目是"摆件类目"，也就是说结婚礼物这个词在"摆件类目"里面是最合适的。当然，类目筛选并不是所有词都需要做，很多词本身就只会在一个类目里面出现。

最后，如何通过数据筛选关键词呢？可以分为三个步骤，以"背带裙"为例进行讲解，如图2-19所示。

图 2-19

第一步，要挑出所有和这个商品匹配的关键词，这个步骤是需要卖家一个一个手动完成的，因为卖家最清楚自家商品的特性。图2-20是进行第一步筛选过程中的部分示例。

第二步：把与商品相关的关键词找出来之后，需要计算关键词的倍数。

关键词的倍数=搜索人气/在线商品数

使用Excel的公式输入=g2/h2，Excel会帮我们自动算出关键词倍数的相关数据。

第三步：算出关键词的倍数以后，把表格按照关键词的倍数进行降序排列，通过关键词倍数的数据来筛选关键词，如图2-21所示。

电子商务运营实务

图 2-20

图 2-21

第 2 章 网上开店基础

这里需要注意的是,过长的关键词往往是搜索推荐词,它的倍数会比较大,但是一般卖家也不会使用它。不同的类目倍数的绝对数值差别比较大,需按照倍数从大到小来选择备选词。

(3) 关键词的分词原则

分词原则的官方定义为:淘宝系统将标题里的关键词拆分成单个字或词组。具备特定含义和特指词语不能用空格分开,如"情侣"不能拆分成"情 侣",两个词搜索反馈的结果是不一样的,如图 2-22、图 2-23 所示。

图 2-22

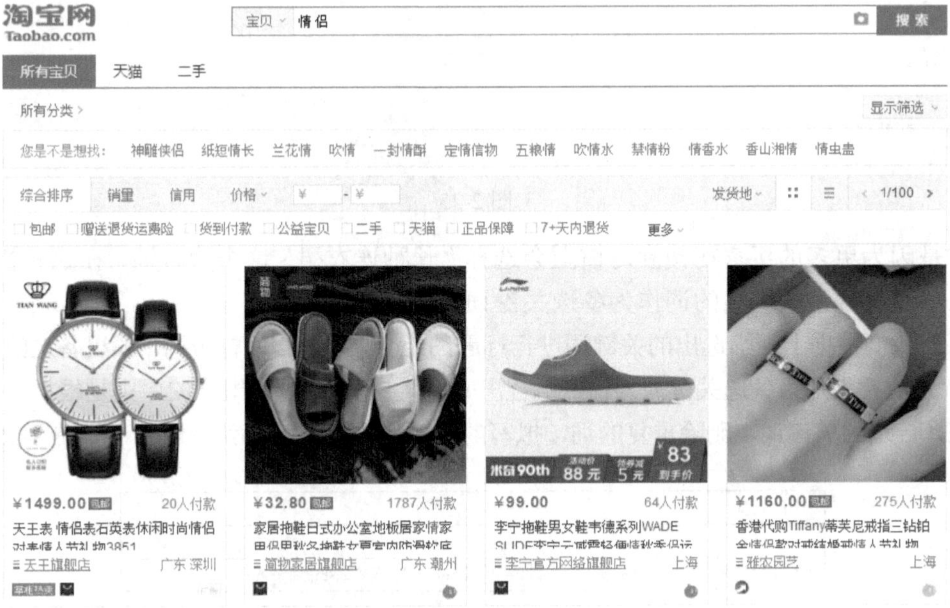

图 2-23

那关键词什么时候可以拆分呢？一般来说，广泛含义的词是可以拆分的。例如，"情侣沙滩鞋"可以拆分为"情侣"和"沙滩鞋"。而宝贝名称词、属性词这类词是不能拆分的，例如，"韩版连衣裙"，不能故意用空格将其拆分成"韩""版""连衣""裙"。

（4）组合关键词

组合关键词一般要符合三个原则：第一，符合搜索习惯；第二，符合阅读习惯；第三，包含必要的信息。符合搜索习惯和符合阅读习惯一般情况下是相通的。

通过如图2-24和图2-25所示的搜索词分析的数据，我们可以看出，包含"长袖连衣裙"和"连衣裙长袖"这两个关键词的在线商品数量是差不多的，但就搜索人气来说，"长袖连衣裙"的搜索人气是"连衣裙长袖"的5倍左右。

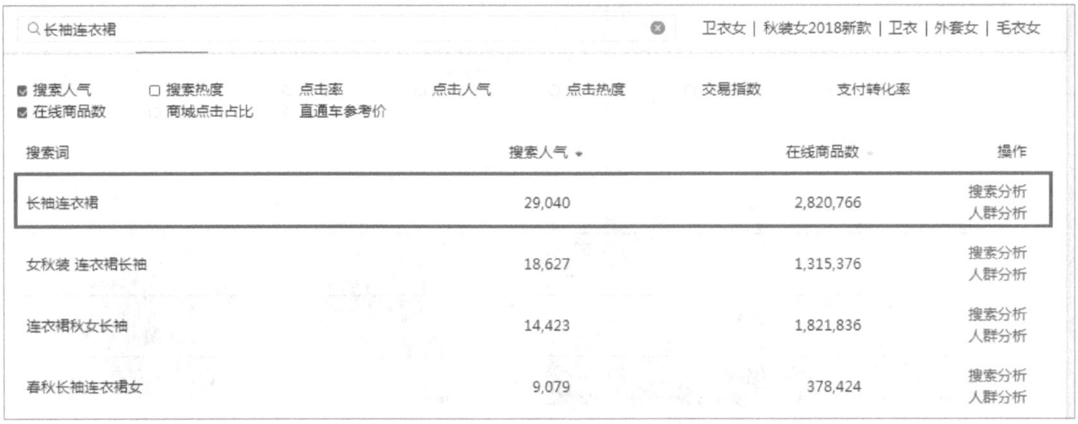

图 2-24

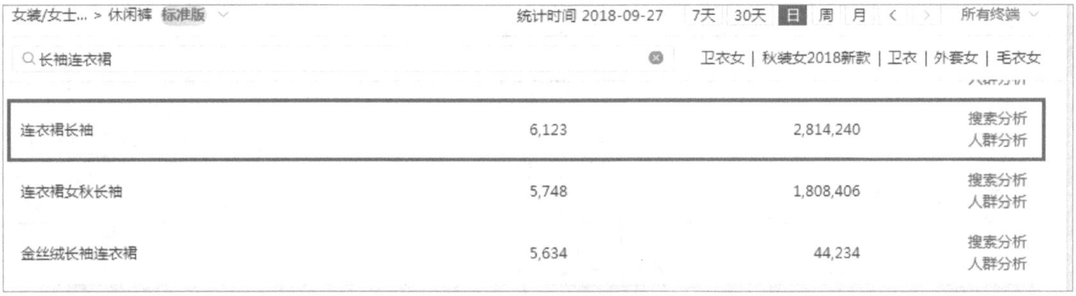

图 2-25

这是因为更多的买家在搜索习惯上会选择"长袖连衣裙"这个搜索词，在这种情况下，我们应该选择搜索人气高的词作为备选关键词。

下面我们根据上面筛选出的关键词进行标题的组合。首先以"背带裙"那组备选的关键词为主，"连衣裙"那组备选关键词为辅，组合出60个字符的标题。组合的原则是根据关键词的倍数选择合适的关键词，删除重复的词，拟写的标题符合搜索习惯就可以了，如图2-26所示。

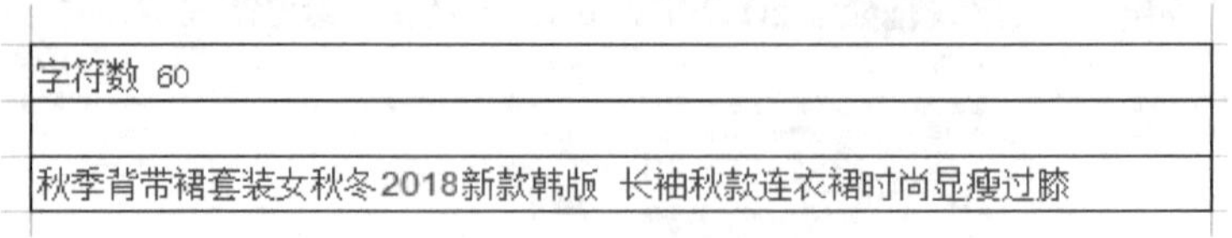

图 2-26

另外，组合关键词的时候还需要在商品的标题里面包含一些必要的内容。这个主要指一些特定的类目，如搜索"机油"，我们会发现很多关键词里面会包含关于容量、品牌的词，如图 2-27 所示。

机油			
		卫衣女｜秋装女2018新款｜卫衣｜外套女｜毛衣女	
机油滤芯	3,013	113,205	搜索分析 人群分析
壳牌机油5w-40	2,653	1,744	搜索分析 人群分析
长城机油	2,375	6,448	搜索分析 人群分析
摩托车机油 通用	2,073	5,038	搜索分析 人群分析
机油正品 摩托车	2,055	5,025	搜索分析 人群分析
壳牌机油5w-30	2,038	650	搜索分析 人群分析
全合成机油5w40	1,987	7,322	搜索分析 人群分析
机油 壳牌	1,966	8,844	搜索分析 人群分析

图 2-27

这个类目里面的很多买家就倾向于购买一定容量、某个品牌的商品，所以我们可以在标题里面直接加入容量描述或者品牌词，如图 2-28 所示。

图 2-28

5. 分析关键词的效果

写好标题之后，卖家需要学会分析标题内所包含的关键词的效果，主要看两个方面：一是关键词是否能带来流量；二是关键词带来的流量是否精准。这需要通过生意参谋里的"流量纵横"来做数据分析，还要将手淘搜索里面 7 天的数据作为参考。卖家主要看店铺流量来源详情里面的访客数量、加购收藏数量、支付买家数量，支付转化率这几个数据，如

图 2-29 所示。访客数量说明关键词是否能提高商品曝光量，支付转化率可以说明关键词是否精准。

图 2-29

二、淘宝店铺运费模板设置

首先在"卖家中心"左侧菜单栏中找到"物流管理"下的"物流工具"，随后选择"运费模板设置"并点击"新增运费模板"按钮，如图 2-30 所示。

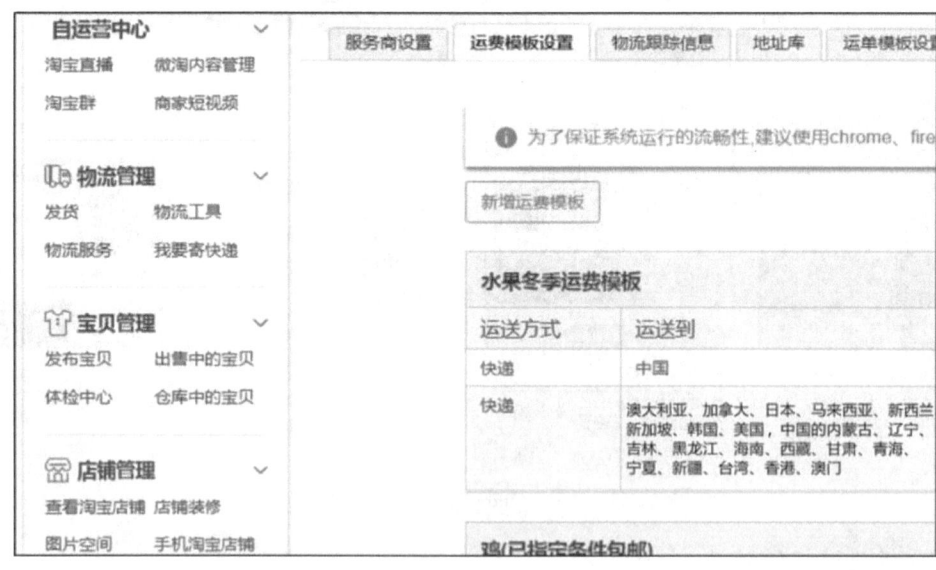

图 2-30

填写"模板名称""宝贝地址"和"发货时间"等信息后，对"是否包邮"进行勾选，一般选择"卖家承担运费"。随后选择计价方式，淘宝的计价方式有"按件数"计价、"按重量"计价和"按体积"计价。然后选择运送方式，如图 2-31 所示。

最后需要细致地编辑个别地区的配送设置并点击"保存"按钮，运费模板就可以发布并使用了，如图 2-32 所示。

图 2-31

图 2-32

三、淘宝商品发布流程

上传宝贝

以"遮阳帽"为例,我们一起看看店铺商品的发布流程。首先,进入淘宝店铺后台的"宝贝管理"页面。选择"发布宝贝",在"类目搜索"框内输入产品名称——"遮阳帽",如图 2-33 所示。

图 2-33

选择好类目后,便可以点击"我已阅读以下规则,现在发布宝贝"按钮。然后进入"一口价发布宝贝"页面。在该页面中,打*号的是必填内容,包括宝贝类型、宝贝标题、一口价、宝贝数量、采购地、宝贝图片、宝贝描述和运费,如图 2-34、图 2-35、图 2-36 和图 2-37 所示。

① 宝贝类型一般为"全新"。

② 宝贝属性包括品牌、货号,还可以点击"添加自定义属性";属性要尽量填写完整,让买家可以全面了解店铺中的宝贝。

③ 宝贝标题最长为 60 个字符。

④ 宝贝的价格为该商品的销售价格,一般可以定得高一点,便于以后打折。

接下来就是在宝贝规格里面选择宝贝颜色,在颜色分类里选择标准颜色,这样可以增加搜索导航机会,如果颜色偏深、偏亮可以添加备注。

淘宝 PC 端可上传五张宝贝主图,宝贝图片至少应上传一张,大小不能超过 3MB。

主图视频也建议添加,官方最新数据表明,有主图视频的商品,其成交转化率明显提升。

第 2 章　网上开店基础

图 2-34

图 2-35

035

图 2-36

图 2-37

宝贝描述分为 PC 端宝贝描述和移动端宝贝描述，里面的内容包括产品的细节图、模特图、尺寸规格、其他信息等，是详情页里消费者最关注的部分。

现在 95%以上的买家都是通过淘宝移动端进行网购的，所以移动端的描述非常重要。移动端描述的发布方式有"使用文本编辑"和"使用旺铺详情编辑器"两种，如图 2-38 和图 2-39 所示。

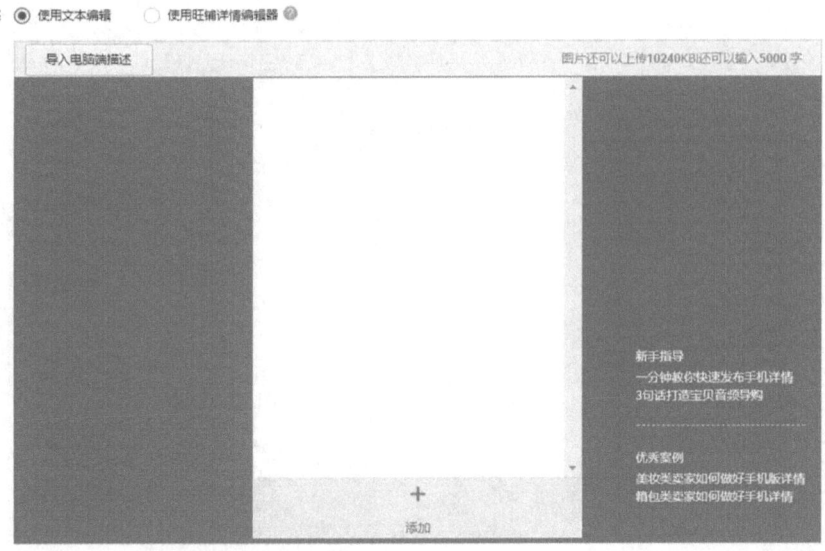

图 2-38

图 2-39

"使用旺铺详情编辑器"只限制图片的长度为 20000px，对大小没有限制，而且相比而言，其功能更丰富，可以插入很多模块，如基础模块、营销模块、行业模块等，如图 2-40 所示。

图 2-40

在选择好物流及安装服务、售后保障信息及其他信息后，点击"发布"按钮，如果发布成功，会出现一个宝贝发布成功的页面。

淘宝为通过认证的会员提供免费开店的机会，只要发布 10 个及以上的宝贝，卖家就可以拥有一个属于自己的店铺及独立网址。在这个网店内，卖家可以发布自己所售卖的商品，并且根据自己的风格进行布置。

第三节　网店日常事务管理

一、宝贝管理

打开后台"商家中心"下的"宝贝管理"一栏，可以看到与商品管理相关的内容，如图 2-41 所示。

网店日常管理

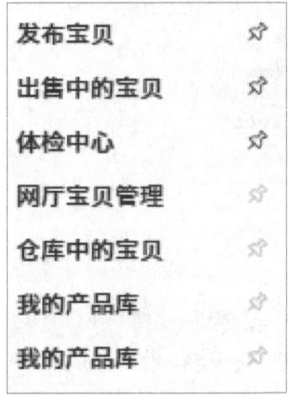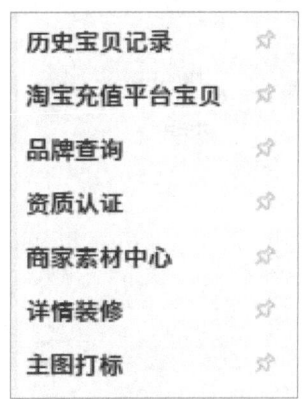

图 2-41

最常用的是"出售中的宝贝"和"仓库中的宝贝"。

点击"出售中的宝贝",将会看到上架出售的产品列表,我们可以对这些产品进行删除、下架、编辑等各种操作。其中可直接编辑的内容包括标题、价格、库存等,其他产品信息的变更可点击"编辑商品"进行操作,如图 2-42 所示。

点击"仓库中的宝贝",从这里看到的宝贝并非出售中的宝贝,而是已编辑好信息、准备上架的产品。买家无法在前台看到这些产品,只有卖家在后台看得到。我们同样可以对这些产品进行编辑,点击"立即上架",这些产品即可展现在前台,如图 2-43 所示。

图 2-42

图 2-43

进入"店铺体检"页面，卖家可以查看店铺有无违规、有无扣分等情况，如图 2-44 所示。

图 2-44

二、交易管理

在卖家中心找到"交易管理"，如图 2-45 所示。

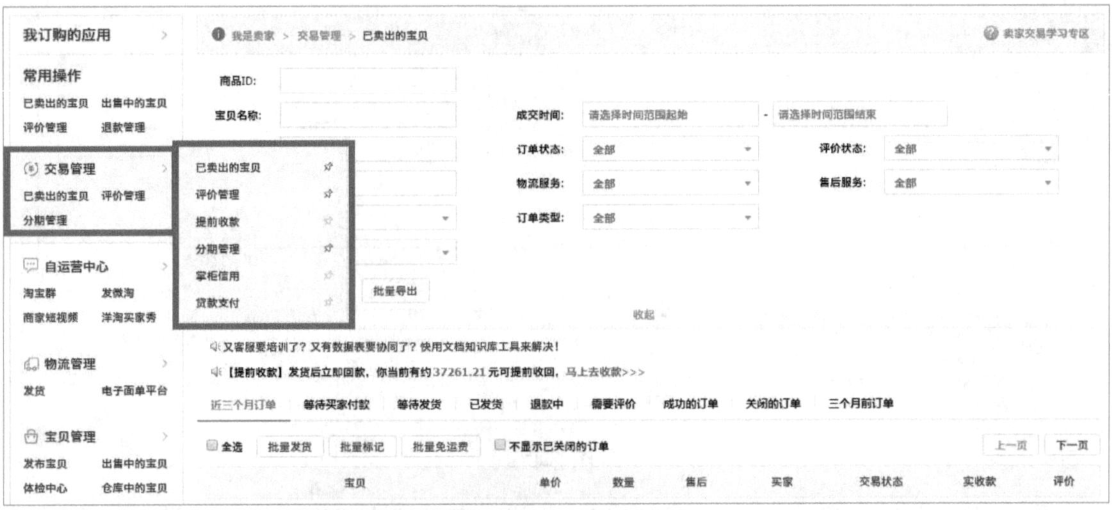

第 2 章 网上开店基础

图 2-45

在图 2-46 中,一是可以根据宝贝名称、成交时间、买家昵称、订单状态、物流服务、交易类型等搜索交易订单,二是可以查看订单的状态,如近三个月的订单、等待买家付款的订单、等待发货的订单、已发货的订单、退款中的订单、需要买家进行评价的订单、成功交易的订单、关闭的订单等信息。

订单改价的步骤如下。

① 打开需要进行改价的订单,点击"修改价格",如图 2-47 所示。

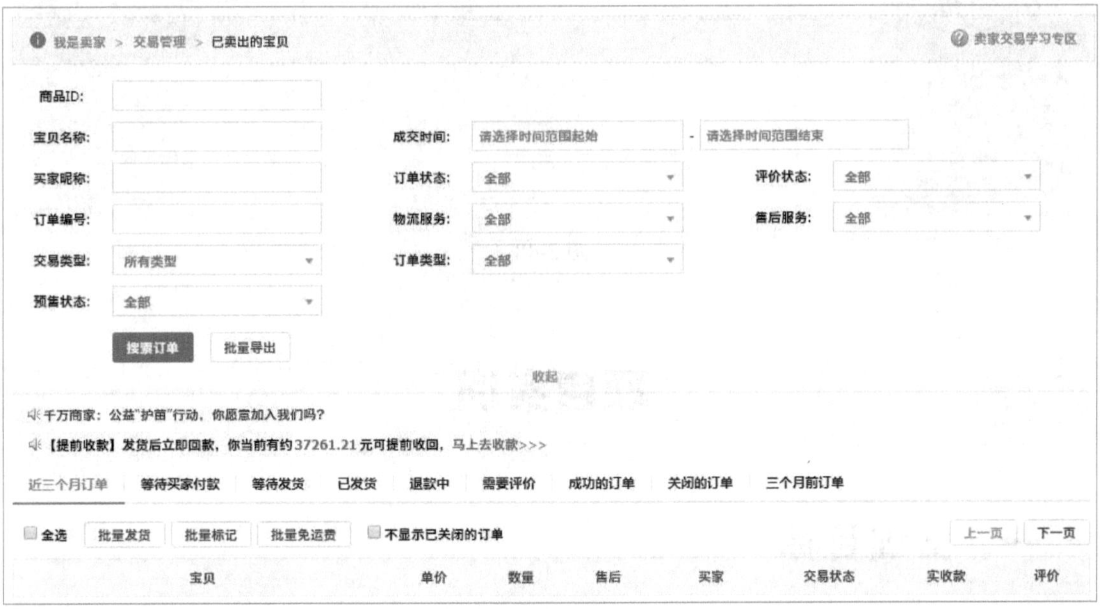

图 2-46

041

电子商务运营实务

图 2-47

② 在价格修改框里输入与买家协商好的价格，负数代表优惠折扣，如图 2-48 所示。

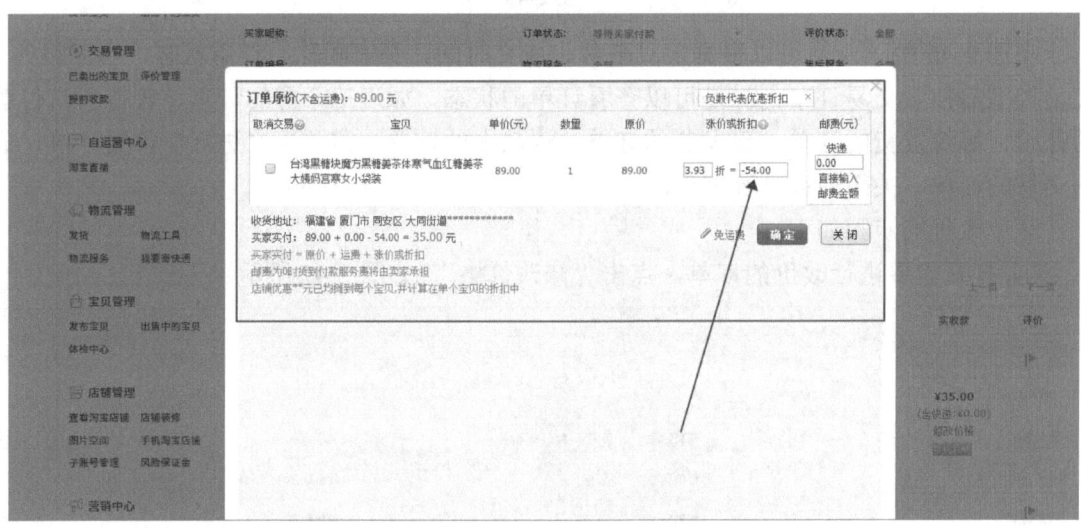

图 2-48

项目实训

✓ 一、实训目标

1. 掌握淘宝开店技巧。
2. 掌握淘宝多 SKU 产品发布技巧。
3. 掌握寻找标题关键词、筛选关键词及组合关键词的方法，能够优化产品标题以获取更多的搜索流量。

二、实训项目 1

淘宝开店

1. 实训任务

以小组为单位,开一家淘宝店铺。包括以下四个步骤。
① 注册淘宝账号。
② 支付宝账户绑定。
③ 支付宝实名认证。
④ 淘宝开店认证。

2. 实训作业

① 撰写实训报告。
② 小组 PPT 汇报。

三、实训项目 2

拟写商品标题

1. 实训任务

选择一个自己想要销售的商品,写出这个商品的基础词。确定基础词之后,通过生意参谋里的"搜索词分析",找出与商品相匹配的备选关键词,按照关键词筛选的原则,筛选关键词,最后组合关键词,拟写商品的标题。

2. 实训作业

① 撰写实训报告。
② 小组 PPT 汇报。

四、实训项目 3

发布产品

1. 实训任务

以小组为单位,准备好商品的标题、主图、主图视频、详情页图片及详情页文案,在淘宝店铺后台设置好物流模板,然后进行产品发布。

2. 实训作业

① 撰写实训报告。
② 小组 PPT 汇报。

③ 作品点评。

拼多多新手入驻

拼多多宝贝上传

课后习题

一、填空题

1. 《中华人民共和国电子商务法》于_____正式实施。
2. 天猫开店分为_____、_____、_____。
3. 在进行支付宝实名认证之后,在淘宝平台中,你可以选择_____店铺或者_____店铺。
4. 淘宝网店开店的基础操作,一共分为四个步骤,包括_____、_____、_____、_____。

二、判断题

1. "电商经营者"不包括代购、带货主播、微商、抖音卖货等。（　　）
2. 开淘宝店铺前,准备好公司营业执照就可以了。（　　）
3. 淘宝开店要进行身份验证,对于身份证照片,可以使用美颜相机进行拍摄。（　　）
4. 淘宝商品标题里的每个关键词都是一个获得曝光量的渠道。（　　）
5. 产品的基础词也就是产品名称。（　　）
6. 淘宝商品的标题最长为60个汉字。（　　）
7. 淘宝为通过认证的会员提供免费开店的机会,只要商家发布10个及以上的宝贝,就可以拥有一间属于自己的店铺和独立网址。（　　）
8. 宝贝的价格为该商品的销售价格,我们一般可以写得高一点,便于以后打折。（　　）

三、多选题

1. 以下哪些是淘宝网禁止和限制交易的物品？（　　）
   A. 毒品
   B. 彩票
   C. 发票
   D. 债券
2. 组合关键词一般要符合哪三个原则？（　　）
   A. 符合搜索习惯

B．符合流行趋势
C．符合阅读习惯
D．包含必要信息
3．淘宝的计价方式有哪些？（   ）
A．按件数计价
B．按重量计价
C．按体积计价
D．按颜色计价

第 3 章

视觉营销与策划

 **学习目标**

知识目标：

- 理解视觉营销的概念及重要性。
- 掌握 FABE 法则。
- 掌握马斯洛理论。
- 掌握主图、详情页、短视频拍摄方案的策划方法。
- 掌握店铺页面装修的方法。

能力目标：

- 能运用 FABE 法则和马斯洛理论寻找商品卖点和买家需求。
- 能策划产品主图的制作方案。
- 能策划产品的详情页制作方案。
- 能够根据店铺定位和商品特点制定合理的首页装修方案。

素质目标：

- 培育学生的审美素养。
- 培养学生的视觉策划能力。

 **思维导图**

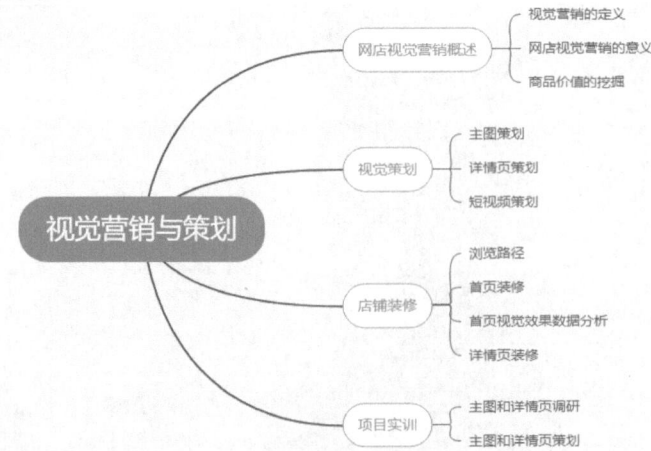

视觉营销案例

第3章 视觉营销与策划

第一节 网店视觉营销概述

一、视觉营销的定义

视觉营销英文为 Visual Merchandising，简写为 VM 或 VMD。视觉营销是一种市场营销方式，更是一种可视化的视觉体验。视觉营销在市场销售中管理并展现以商品为主的所有视觉要素的活动，从而达到表现品牌或商品的特性及与其他品牌或商品形成差异化的目的。这项活动的核心是商品计划。而其实现的过程就是利用色彩、图像、视频、文字等方式充分展现商品或品牌，传达产品的性能与优势，吸引买家的关注，由此增加人们对产品和品牌的认可度，最终实现营销的目的。

视觉营销的定义与意义

二、网店视觉营销的意义

电子商务更加注重"用户体验"，电子商务与传统商务不同，属于典型的"三无"商业——无老板、无店面、无商品实物，买家无法通过实物性体验去认知产品，也无法获得面对面的沟通解说，卖家靠向买家提供文字、图片、视频等虚拟信息来吸引买家的注意、激发其消费欲望、打消其购物疑虑并说服买家做出购买决策。从销售的角度来讲，网店视觉营销就是要塑造一个让买家有良好体验的网店。网店视觉营销的理念，就是使买家和卖家在买与卖的过程中都感到方便。

① 容易进。卖家运用常规的营销及推广手段提高店铺的曝光量并吸引买家进入店铺。例如，优化宝贝标题以提高自然搜索曝光量；利用直通车、钻石展位等付费引流；做好全网 SNS 和淘宝 SNS 的免费引流等。然而在这些推广中除了"标题优化"，从某种程度上可以说各种方法都将是"视觉化"的引流方式。好的设计是吸引买家进入店铺的关键要素。

另外，买家进入店铺后，还有一层"容易进"，即在视觉上有引导地让买家跟着卖家精心规划的店铺路径走，让买家容易进入各个分类或各个主推的栏目频道和主推单品。

② 容易看。买家进入店铺后就要尽可能地将其留住。买家在浏览时，除了产品本身有吸引力，店铺的设计带给买家的视觉呈现也很重要，无论是产品、广告还是文字，一定要让买家可以轻松地识别，从而达到有效传达的目的。

③ 容易懂。容易懂主要是让买家读懂。要让买家了解商品，也就是相关视觉图片要让买家看得懂、文案要让买家读得懂。买家在背景、年龄大小、人生经历等多方面存在不同，要想让多数买家读懂，卖家就要把商品的特点通过图、文、视频的方式呈现给买家。

④ 容易选。容易选主要涉及商品的导航引导、分类设置、商品推荐等。网店商品分类和超市中的区域划分和商品陈列类似，如果商品随意规划和摆放，一定不利于买家的选购。

因此，我们在规划店铺视觉时，要做好导航区域规划及商品分类规划，从而方便买家查找和购买商品。

⑤ 容易买。针对用户体验方面的"容易买"涉及较多方面，具体要注意以下几点。

- 店铺中的广告是否都已链接到相应的商品页。
- 具体的商品页是否帮买家考虑到了搭配套餐的选择。
- 商品页的关联是否有必要，尽量去除冗余的非关联广告。
- 商品页中的图片尺寸和大小是否已经优化，是否利于买家快速打开并阅读。

⑥ 容易回。容易回主要涉及两个方面：一方面，从情感上，要让买家对店铺及品牌留下深刻的印象；另一方面，从应用来看，可以让"店铺收藏"尽量明显或是和别人的不一样，吸引买家收藏店铺，当然，卖家还可以设置关注礼，吸引买家收藏店铺。

网店视觉营销的直接目的是营销，最终目的是促成交易，提高销售额。好的视觉营销是提高网店销售额的关键要素之一。有人可能会问：不是说商品是核心吗？是的，商品应该是任何购买行为的基础，但也不是全部，有的时候商品可能并不是买家特别需要的，而在卖家进行了有效的视觉营销后，让人产生了购买商品的欲望，最终实施购买行为，同时还可能向亲友推荐该产品。这些当然是所有卖家想要达到的效果，卖家一定要把视觉营销重视起来。

从某种意义上说，在网上出售商品就是卖图片。再好的商品或服务，在网络零售中如果没有用良好的视觉效果表达出来，也将无人问津；而普通的商品（商品质量一定要没有问题）通过有效的视觉表达，也能吸引买家，甚至成为爆款商品。

总的来说，网店视觉营销主要有以下好处。

第一，提高流量。好的视觉广告图能吸引买家的眼球。这点从直通车、钻石展位及站内外硬广的点击率等方面就能看出来。

第二，提高转化率。好的商品详情页能让买家认真阅读，直至做出购买决策，这点也是毋庸置疑的。

第三，提高客单价。好的视觉营销店铺路径，适当的店内广告位及商品详情页中必要的关联营销等，都将为提高客单价提供机会。

另外，好的视觉效果也会使买家对店铺产生更多的信任感，提高买家的回购率，并为店铺的品牌提升奠定了基础。

三、商品价值的挖掘

视觉营销策略

做视觉营销的时候很容易忽略买家关心的买点，陷入王婆卖瓜自卖自夸的模式。如何科学地进行商品价值的挖掘，是做好商品视觉营销的关键所在。

1. FABE 法则

FABE 法则是一种非常具体、有效、可操作性强的利益推销方法。通过四个关键环节，解决买家的诉求，极为巧妙地处理好买家关心的问题，从而顺利实现商品的销售目标。

F（Feature）：是指商品的特质、特性等最基本的功能，以及如何运用商品的特质、特性等来满足客户需要的，卖家可以从产品名称、产地、材料、制作工艺等方面挖掘商品的内在属性，找到竞争对手忽略的或者没有想到的商品特性，也就是商品的卖点。

A（Advantages）：代表商品由某一特征带来的优势，即证明商品的某一特征带来的"购买理由"。例如，通过与同类商品相比较，列出比较优势，如高性价比、高配置、特殊的营养价值等。在介绍商品的特色和优点时，首先要了解买家的需求，考虑买家关心的是什么，买家对商品存在哪些疑问，然后通过阐述商品的特色和优点给买家留下深刻的印象。一般来说，商品的特色和优点不超过3个，太多的优点反而不能给买家留下深刻的印象。

B（Benefits）：指商品的某一优点能带给买家的利益，即商品的优势带给买家的好处。利益推销已成为推销的主流理念，利益推销是指一切以买家的利益为中心，通过强调买家得到的利益、好处，如自豪感、自尊感等，来激发其购买欲望。

E（Evidence）：佐证。通过现场演示、相关证明文件、品牌效应来印证刚才一系列的介绍，如新闻报道、客户评价、品牌故事、企业资质、认证证书等，用于证明的"证据"需具有足够的客观性、权威性和可靠性。

以新疆和田红枣为例，我们通过FABE法则来挖掘商品的卖点和买家需求。

① F 商品属性特点：新疆和田产地优势，商品卖点从产地延伸。
② A 商品的优势、作用：和田红枣个大均匀，口感香甜，加工工艺先进。
③ B 给消费者带来的好处：美容养颜，补中益气。
④ E 佐证、证明：证书、权威认证、买家好评。

从案例中大家可以发现，F 与 A 之间，A 与 B 之间都有承上启下的作用，都是因为什么所以才有什么，最后用 E 来证明 F、A、B 是正确的。FABE 是一套连贯的商品卖点挖掘公式。

2. 买家需求的挖掘

单纯陈述商品的卖点是不够的，还要挖掘买家需求，将供需匹配才能更好地促进购买行为的产生。

（1）利用马斯洛理论分析买家需求

如图 3-1 所示，人的需求可以分为 5 种，从最低层次的生理需求到最高层次的自我实现的需求，拥有不同需求的买家对商品的需求不同。

例如，不同的人需要不同的"水"。

生理需求：渴了要喝水，如果买家只是想解渴，可能自来水就能满足其需求。

安全需求：渴了要喝水，但是如果买家考虑水的安全性就可能买一瓶 2 元的矿泉水或 3.5 元一瓶的冰红茶。

社交需求：有朋自远方来，倒杯水可能显得自己不够热情，你可能会泡点茶给朋友喝，这时你可能会买上百元一斤的茶叶。

尊重需求：有比较重要的朋友来，要获得他们的尊重可能要泡点工夫茶，如普洱茶、铁观音等上好的茶叶，这时你可能会买上千元一斤的茶叶。

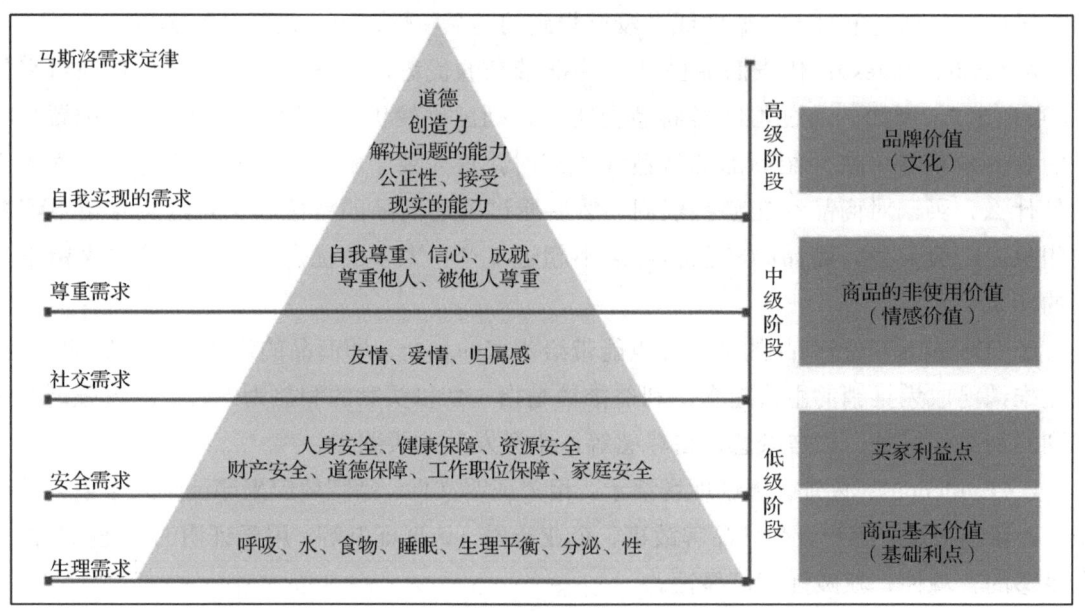

图 3-1

自我实现的需求：有些人喜欢自己珍藏一些老茶，他可能会买几万一斤甚至几十万一斤的茶。

（2）线上挖掘买家需求的渠道

线上挖掘买家需求的渠道。商品评价（如图 3-2 所示）、问大家、客服聊天记录等都是卖家获取买家需求的重要渠道。这些信息往往会反馈买家关心且在目前详情页得不到的资讯，需要卖家进行补充说明或补充完善。定期整理商品评价及问题，进行关键词分类，分析买家关心的问题及其出现的频率。

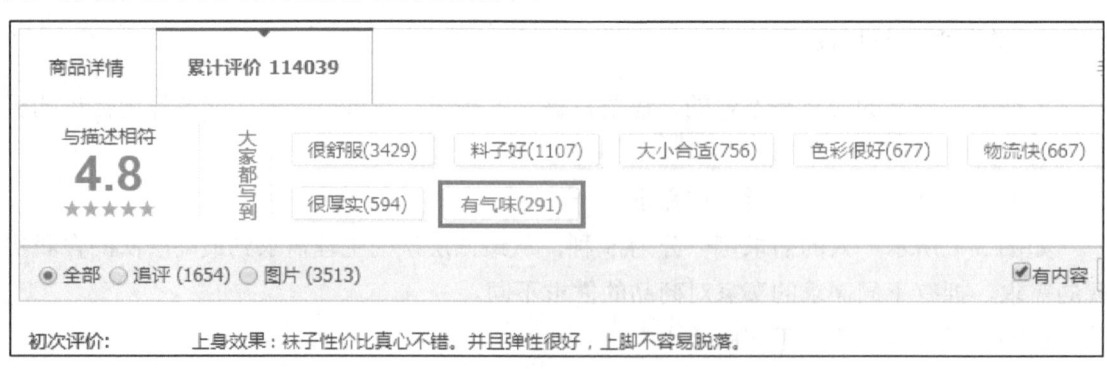

图 3-2

第二节　视觉策划

✓ 一、主图策划

主图策划

一般来说买家进入商品详情页后首先看的是商品的主图,然后是商品的价格、评价和详情。主图的作用非常重要,卖家应该在不违背淘宝或天猫有关商品主图规则的前提下,尽量精细化地设计商品的5张主图。作为淘宝或者天猫平台中商品的主图,重要的是图片要合乎规范。

一般来说,前四张主图的尺寸最小要 700px×700px 以上的(800px×800px 的主图是最好的,建议主图长和宽的比例是 1∶1),因为淘宝或天猫为 700px×700px 以上的图片提供放大镜功能。商品主图的功能是为了吸引买家的眼球,买家进店以后,为了提高买家的购物体验,主图最好是提供放大镜功能的,这样能让买家将商品的细节看得更加清楚。长和宽的比为 3∶4 的主图,其宽度要大于或等于 750px,高度要高于或等于 1000px。主图支持 JPG 或者 PNG 格式的。图片大小最好小于或等于 3MB。白底图是白色背景的平铺图,白底图的尺寸必须是 800px×800px 的,大小在 38KB~300KB 以内。

1. 主图的作用

在卖家发布商品的后台,商品主图一共要放置 5 张,其中第一张图片是要在搜索结果页中展现的,也就是说,主图的位置和展现特点,是决定商品能不能吸引买家的重要因素之一,所以我们说主图非常重要。

主图的作用是吸引买家进店,提高点击率。以淘宝为例,当买家打开淘宝的时候,有成千上万个商品可供其选择,其中还有大量的同质化商品,只有当卖家的商品主图有足够的吸引力的时候,才能刺激买家点击图片。买家一般在其碎片时间逛淘宝,如临睡前、吃饭时、工作间隙等,在这种情况下,商品主图就一定要有足够的吸引力,以确保能够在同质化商品中凸显出来,抓住买家的眼球。

2. 商品主图的类型

商品主图的类型分为:纯色底图、场景图、细节图和合成图。

(1)纯色底图

纯色底图一般展现在天猫搜索页面及手淘的一些内容渠道。纯色底图可以设计、添加内容的空间不大,但是可以放置品牌 Logo,增强品牌视觉的统一性。另外,纯色底图对商品的干扰较小,更能突出商品的特性,其要求卖家在商品拍摄及精修方面多下功夫。

(2)场景图

场景图的作用是让买家浏览时更有代入感,场景图既要注重场景氛围营造,又要注意突出商品。除能衬托商品外,背景要尽量简单,太过杂乱的背景会影响商品的质感。场景图大部分都是实拍,环境会对商品产生很大的影响,所以后期对图片明暗、色彩及饱和度的调整尤为重要。

（3）细节图

由于买家在网购时无法直接接触到商品实物,无法对商品有一个准确的概念,细节图能够更直观地展现商品的细节。一个好的细节图能够提升商品的档次,促使买家做出购买决策。

（4）合成图

合成图多用于化妆品和数码类商品。由于化妆品和数码品类商品的外包装一般选用高反光材质的包装,商品容易受背景色影响,从而影响商品的质感,所以卖家会把商品抠出来,给它加一个合适的背景或者元素,这样的合成背景既能减少干扰又能衬托商品。合成背景尽量选取与产品本身颜色相近或者风格相符的颜色,颜色之间选用同色系颜色进行搭配,避免画面过于杂乱。合成元素要与商品的风格、档次一致,能够衬托商品。

3. 主图文案

主图文案有提示商品卖点的作用。首先要注意的是文案部分占比不能超过30%,其次要注意文案排版的美观性,是否加文字也因商品而异,用图片展示不出来的功能属性可以用简练的文案进行说明,如电子产品的功能;但服装类商品主要看的是款式,如果图片可以直观地展示出来,则不需要在图片上加文案。

4. 主图常见的问题

① 主图千篇一律。买家总是对能使他眼前一亮的图片更感兴趣,同质化的主图很难吸引买家,从而很难达到营销的目的,所以主图不能千篇一律,特别是一定要和竞品的主图有所区别。

② 产生不良印象。如果卖家把过多的文字信息堆积在一起,卖点和痛点又没有提炼清楚,就会给买家留下不良印象。

③ 文案的字体太小。如果文案在编排的时候字体太小,容易导致两种结果：一是买家可能看不清楚,二是买家可能略过不看。

④ 卖点堆积过多。有的卖家总想给买家展示更多的商品卖点,让买家相信买到即赚到,可是,卖点展示过多,会使买家忽略卖家最想突出的、与众不同的商品卖点。

二、详情页策划

详情页策划

详情页一般是由主图、创意海报、产品功能、产品外观、产品细节、使用方法、参数信息、同类产品对比及产品认证、企业资质、物流、售后等其他相关信息构成的。在商品详情页里,卖家靠向买家提供文字、图片、视频等虚拟信息来吸引买家的注意、激发其消费欲望、打消其购物疑虑并说服买家做出购买决策。因此,详情页是决定流量转化率的关键,其所传递的信息与买家的购物心理是否契合,将决定网店营销的成败。详情页除了影响店铺的转化率,还能影响买家在店铺页面停留的时间、店铺客单价及跳失率。所以,商品详情页的策划非常重要。

1. 详情页的布局

详情页的布局需要考虑买家的购物习惯及做出购买决策的心理。一般可分为"引起注意""提升兴趣""建立信任""消除疑虑"和"促成交易"5个步骤。在详情页的最后也可以加入关联营销来提升流量的运用效率,提升店铺的客单价。

(1) 引起注意

引起买家注意的方式很多,如热点事件、新品上市、名人效应等。在日常运营中,我们用得最多且比较有效的方式是营销利益点。例如,满减、满赠、优惠券等全店营销活动,或者单品限时、限量优惠折扣,都能有效地吸引买家的注意力,在详情页中经常会有优惠券,如图3-3所示。

图3-3

(2) 提升兴趣

提升买家的兴趣要从买家关心的商品核心卖点入手。把商品的差异化优势及买家愿意为它买单的卖点通过视觉化呈现给买家,使用这样的呈现方式,商品的卖点将会更加直观、更有说服力,如图3-4所示的除螨仪,"紫外线灯加拍打,轻松除螨又杀菌",其核心卖点简洁明了。

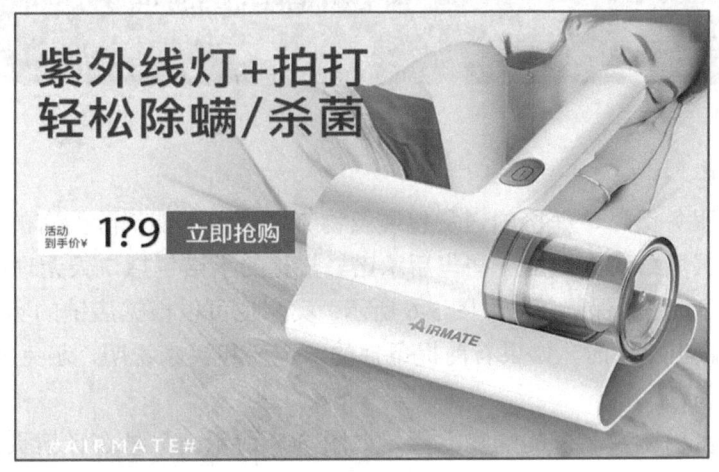

图3-4

（3）建立信任

买家会更加信任有实力的企业，因此卖家需要通过详情页展示企业的实力，促使买家做出购买决策。企业实力一般体现在产品专利、奖项、权威机构检测认证等方面。在商品详情页中展示企业实力的照片有助于提升流量转化率，对于高单价的商品效果尤为显著。图 3-5 是除螨仪的权威机构检测认证。

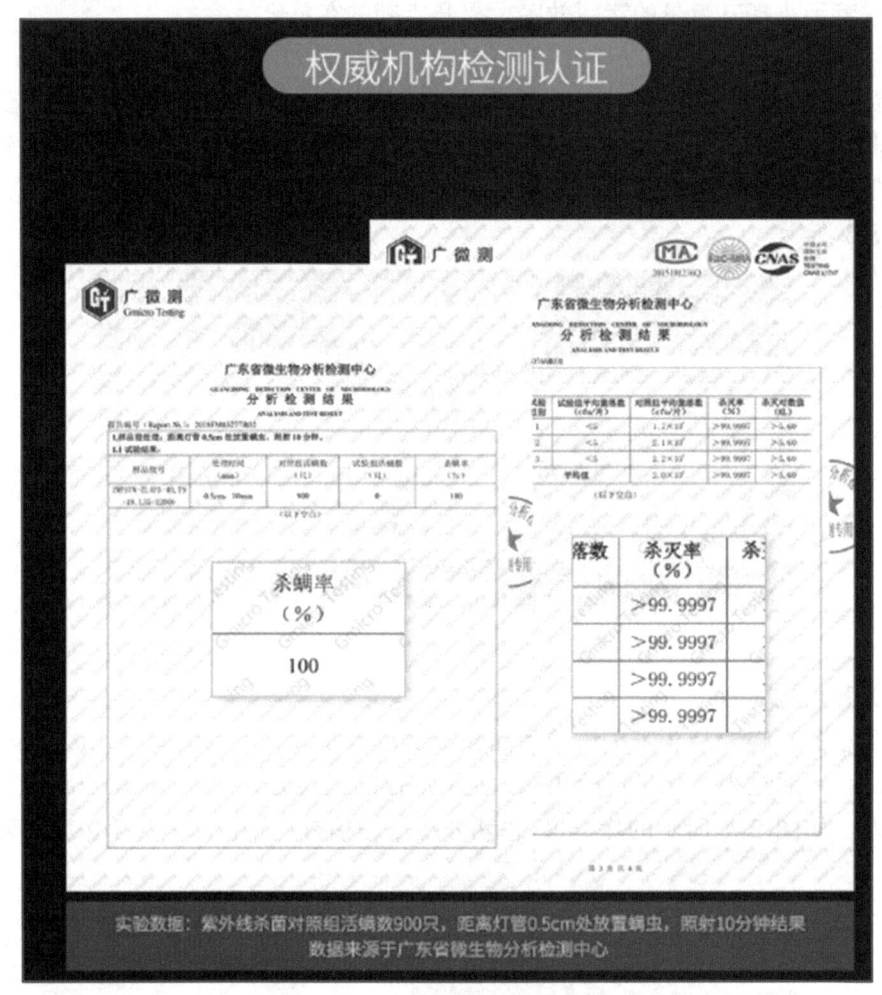

图 3-5

（4）消除疑虑

优质的售后服务保障、严格的送货包装及物流服务等都能消除买家的购物疑虑。所以我们可以在详情页里给买家做出一些售后承诺。常见的承诺包括 7 天无理由退换货、24 小时发货、假一赔三、正品保障等，如图 3-6 所示。卖家也可以根据店铺的实际运营情况向买家做出承诺。在做出承诺时，如果有前提条件的一定要和买家说明，避免之后的售后纠纷。

（5）促成交易

使用场景图可以激发买家的购物欲望，如图 3-7 所示。另外在详情页内加入赠品等利益点，也是促成交易的有效方法。

第 3 章　视觉营销与策划

图 3-6

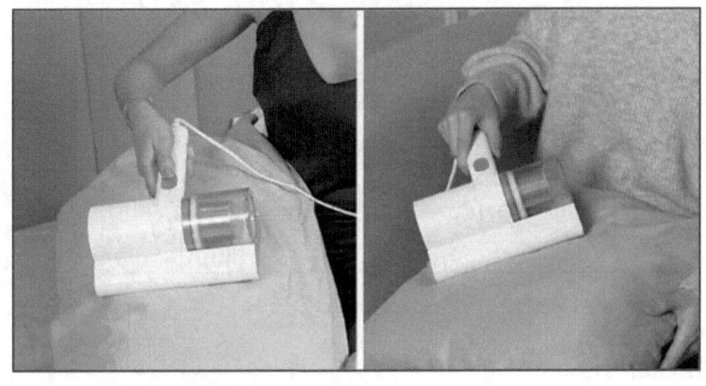

图 3-7

（6）关联销售

可以进行关联销售的商品通常有四大类。第一类是活动商品，以活动引导买家点击关联销售的商品链接。第二类是相搭配和辅助类商品，买家容易对其产生潜在需求并购买该商品。第三类是同等价位的不同款式的相似商品。第四类是店铺主推的商品，根据运营的需要让主推商品有更高的曝光度。图 3-8 所示的杀菌除螨组合，就是一组相搭配和辅助的商品。

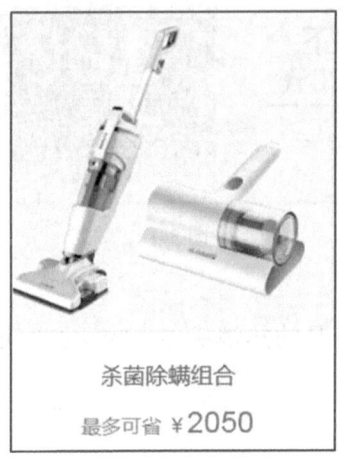

图 3-8

2. 详情页促销

（1）突出活动力度

通过呈现活动的力度吸引买家对商品产生兴趣和关注，如图 3-9 所示。

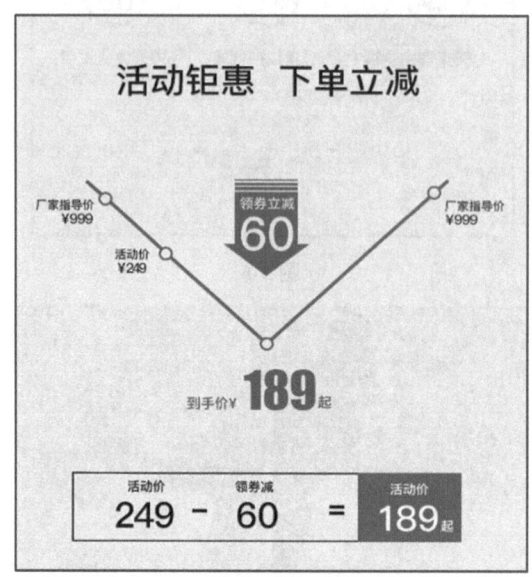

图 3-9

（2）制造活动的紧迫感

限时限量、活动前后价格对比等都是有效增加活动紧迫感的方法，如图 3-10 所示。

图 3-10

（3）突出活动热卖氛围

利用买家的从众心理突出商品的热销状态，暗示买家该商品被大众认同，降低买家的购买顾虑，如图 3-11 所示。

图 3-11

3. 详情页数据分析与优化

商品详情页里的重要影响指标有：页面跳失率、页面停留时长、转化率。卖家可以通过"生 e 经"里的"宝贝分析"来查看这几项数据，如图 3-12、图 3-13 所示。

图 3-12　宝贝分析

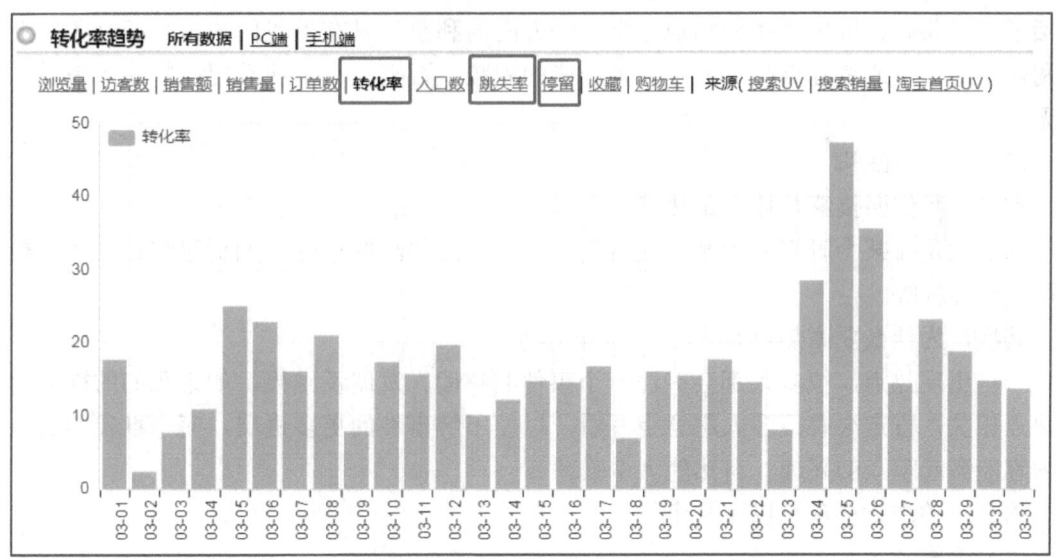

图 3-13　转化率趋势

① 当页面跳失率高、流量转化率低时，说明流量不精准，相关人员需要对推广引流环节进行分析，如引流的关键词设置是否合理或者钻石展选择的位置是否科学，对引流进入的用户群进行分析和判断，可以通过调整引流推广图来解决跳失率高的问题。

② 当页面跳失率低、流量转化率低时，说明商品的卖点没有吸引力、促成交易和建立信任的内容过少、引流不精准。卖家此时需要从流量环节进行分析，引流进店的访客具备怎样的特征？重新提炼针对访客特征的商品核心卖点及服务要求，增强访客对于商品页面

的兴趣及购物信任程度，从而提升流量转化率。

③ 当页面跳失率、转化率、页面停留时长三项数据都不好的时候，往往是文案内容、框架逻辑及视觉体验都出现了问题，建议卖家重新梳理商品卖点、框架逻辑，修改文案内容。

三、短视频策划

营销短视频分类及内容策划

短视频拍摄技巧

1. 账号定位

在开通短视频账号之前，要做好定位。一般来说，一个短视频账号只定位一类目标人群，只做垂直领域，只有这样，我们才会越来越专业，而且也会降低操作难度。例如，卖家的短视频账号定位为美妆教学，那就定时更新与美妆教学相关的内容，如果卖家的短视频账号的定位是生活小窍门，那就定时上传与生活小窍门相关的视频。具体定位在哪个领域，要取决于卖家或者运营团队有什么特长或者资源。

2. 如何涨粉

涨粉主要有两个方向：内容形式涨粉和追热点涨粉。

（1）内容形式涨粉

我们要知道，我们的短视频内容能给观看短视频的人带来什么样的利益。一般来说，包括了情感共鸣、价值传播和知识分享三个方面的利益。只有当我们的短视频具备以上三点利益中的一点或者几点时，才是一条合格的视频，否则，对于观看短视频的人来说，就毫无价值。

（2）追热点涨粉

首先，我们要搞清楚什么是热点。

热点就是在某个时间或者某个地方引起人们广泛关注的事件，如新冠肺炎疫情、热门电影、世界杯等。

其次，为什么要蹭热点？

一旦出现热点，很多人都会关注一个事件的解读、发展及结果。如果我们的视频内容和热点相关，肯定会有很多人愿意点开看，以便了解事件的更多进展，而一旦我们的短视频内容能激起观众的兴趣，自然能大量吸粉。

蹭热点的注意事项有以下几个。

（1）追踪

随时追踪可能出现的突发热点，需要用到的工具有以下几个。

第一级入口：抖音每日热榜、微博热搜榜、微信搜一搜热点榜单、搜狗热搜榜等。

第二级入口：头条指数、百度热点、知乎精选等。

第三级入口：西瓜短视频、卡思数据、新榜、清博大数据等。

（2）鉴别

不是所有的热点都可以用，我们要鉴别这个热点是否符合自己短视频账号的定位，要蹭与自己的短视频账号定位相关的热点。

（3）速度

针对热门事件的短视频要快速推出，这就要比速度、抢流量，不求有很高的质量，后期可以再出更详细、更精致的版本。

（4）创新

蹭热点也需要创新，视频内容最好有独特的角度，这样即使制作更新速度没跟上，也可以在创新方面抢走一部分流量。

3. 数据运营

短视频运营也离不开数据分析。互联网营销，一切都要用数据说话。如果想要获得爆款内容，就一定要关注和用户互动的各项数据，如完播率、点赞数、评论数、转发数、播放量。在分析各项数据指标的基础上，做好改进和下一步的短视频内容策划。

第三节　店铺装修

一、浏览路径

浏览路径是指买家浏览网页时留下的视觉轨迹。在进行视觉营销时，我们一定要考虑在视觉轨迹中，把自己需要展现的商品突出地展现给买家，尽可能地引导买家按照我们设计的视觉路径进行浏览，这种设计就叫作视觉的动线设计。无论是在实体店还是在网店中，我们都需要根据买家习惯的浏览路径做好商品展示的动线设计，以达到突出商品的目的。中国人大部分习惯用右手写字，习惯从左边开始浏览，根据这种特性，网店常规的动线设计是"Z"字形或者"W"字形的浏览轨迹，如图 3-14 所示。

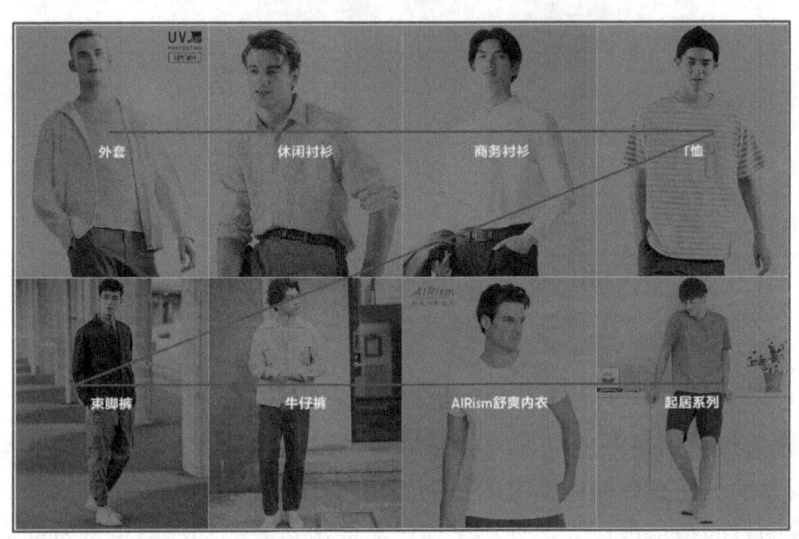

图 3-14

动线设计需要注意几个细节。

① 不要单一地使用同一种动线方案。如果一味地使用"Z"字形动线,就会出现位于页面下方的商品的关注度很低,其点击率也会偏低。我们可以交叉使用不同的视觉路径,降低买家的审美疲劳,让位于页面中下方的商品有更多被关注的机会。

② 在动线设计中,相关人员需要对不同的区域进行区分。通过一些模块过渡,如图3-15所示,让买家明确区分不同的区域。这样就可以和不同产品的品类或者风格进行一定的区分,方便买家尽快找到其所需要的商品,不至于长时间浏览页面无果后产生烦躁感。

图 3-15

③ 不要频繁地使用复杂的动线。频繁地通过视觉冲击买家,容易让买家产生视觉疲劳。简洁、明朗的页面布局能让买家的页面停留时间更长。

视觉动线的目的是尽量让大部分买家通过事先编排好的动线路径浏览商品,让买家"看到"我们想让他看到的东西。

二、首页装修

首页装修

每个店铺的页面都由三大部分构成：首页、详情页和自定义页面。

我们进行店铺页面装修，就是要让买家拥有良好的购物体验，并让买家能够地找到符合自己需求的商品。

店铺首页就如同百货商店的楼层导示牌，让买家可以了解哪个楼层出售什么商品，这些商品大致在楼层的哪个位置，使其目标明确。因此，淘宝网店首页的作用就是有目的地展示一些商品，并让买家能够快速找到其想要的商品，实现营销目标并完成店铺形象宣传。

首页包括：店招、Logo、通栏、导航、分类、活动广告、海报、商品展示、服务、推荐、旺旺在线等十多个"功能"模块，但是并不一定全部都要体现在一家店铺的首页上，也没有绝对的展现顺序，根据类目、产品，以及营销策略的不同，我们需要对这些"功能"进行重新排列组合。

1. 店招

店招出现在每一个网店首页的最上方，店招一般包含了店铺商品、店铺品牌、店铺价位等重要信息，对买家是否选择进入店铺浏览其他商品起到了一定的作用，如图3-16所示。

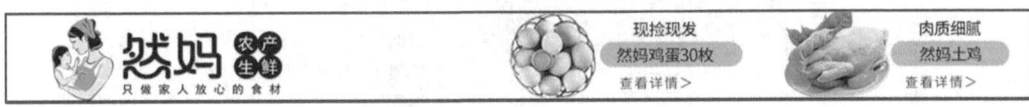

图3-16

2. Logo

Logo即店铺的标识、标志。Logo折射出的是企业的抽象视觉形象，可以是文字、图形，或者图文组合。Logo要简单、显著和易识别，如图3-17所示。

图3-17

3. 通栏

首页的空间有限，无法囊括所有的内容和功能，如品牌故事、新品折扣、会员制度等，无法直接在首页上全部展示，而是在其他的自定义页面中进行展示。因此，通栏的作用是将这些自定义页面用清晰明确的方式进行解释，并使买家能够轻易跳转到相关页面。

通栏的位置一般在店招的下面，高度一般不需要太高，不需要占用过多篇幅，通栏的自定义数量也不是越多越好，一般我们会控制通栏的自定义数量，让字不要排得过于密集，以便买家能够看清楚，如图3-18所示。

图 3-18

4. 分类

店铺的分类也起到与导航类似的作用,只是分类模块还会在产品页面的左侧进行展示,而导航仅在首页中进行展示。图 3-19 所示的 PC 端宝贝分类,买家一般会先通过搜索进入商品详情页,往下浏览时看到左侧的分类,分类在每个商品页面的左侧都有展示。它的目的也在于能够让买家无论从哪个页面上,都能够在最短的时间内方便地找到自己所需的商品。

图 3-19

分类可以使用纯文字,也可以使用图文结合的方式,并且可以分为一级类目、二级类目。

淘宝店铺内宝贝分类的技巧有哪些?

要回答这个问题我们要考虑以下几个问题。

① 为谁服务?
② 是否能做到无障碍浏览?
③ 分类是否便于买家快速找到商品?
④ 购物路径是否清晰?
⑤ 是否有空白类目?

一般来说,我们把重要的信息放在相对靠上的位置,如新品上架,是为老顾客服务的,避免老顾客反复去看分类、找新品。重要信息还有促销打折,如秋冬款上市了,春夏款需要迅速清仓,以便周转资金、避免库存积压,也需要放在靠上的位置。

淘宝移动端由于展示空间有限,买家在商品详情页无法看到分类,只在店铺首页有分类设置,买家可以通过点击分类进入相应的页面。移动端分类的方法和技巧与PC端类似,但是移动端的分类要求更加简单明了,如图3-20所示。

图 3-20

5. 海报

海报也就是店铺中较大型的活动展示或品牌展示,如果出现在第一屏,一般称之为促销图、店铺首焦图等,如图3-21所示的服装类海报。

海报的作用是吸引买家的注意力,它的特点是占用面积较大,且内容很丰富,一般用作品牌展示、新品展示、活动展示,还可以用轮播形式循环播放。

图 3-21

海报制作有哪些技巧呢？

① 排版技巧。海报制作离不开排版技巧。首先，一张海报要主题突出，把想要设计进海报的各项因素分层次排列。另外，在排版时不要把海报设计得满满当当，要适当地留出一些空白。

② 颜色技巧。海报的制作离不开各种颜色，那么我们应该选用什么样的颜色呢？首先，海报的主色调要与我们的商品及店铺的主打颜色相一致。其次，颜色要鲜艳，能够形成比较强烈的对比。最后，我们要注意，颜色并非越多越好，要以少而和谐为最好。

③ 文字技巧。海报的设计一般少不了文字描述。店铺海报上所有的文字设计要简洁明了，重点突出。此外，文字的排版布局也要形成一个小的整体，不能散落在页面的各个部位。另外，我们不要选择一些过于生僻的字、词，文字信息一定要让买家"秒"懂。

④ 图形技巧。店铺海报的整体设计需要简单清晰，最好能够构成一个图形，如从远处看可以形成一个五角形、三角形或者是圆形。买家在看到图片的时候，首先形成的是一个整体的印象，如果海报设计得过于零散，那么将达不到让买家印象深刻的效果。

6. 商品展示

淘宝店铺的商品展示将店铺里的部分商品按照一定顺序和规则排列出来，如同实体店里的商品陈列。依托科学的商品展示设计，有利于流量的汇聚和引导转化，从而降低网店的营销成本，提升网店营销的转化率。商品展示的框架可以根据不同类目商品的大小和独特的展现方式进行设计，如女士包包，基本是正方形的小块，在排列上，我们可以将其排成一行，也可以错落有致，做出空间感和跳跃感，使商品展示显得更有层次感，如图 3-22 所示。

图 3-22

第 3 章　视觉营销与策划

而如果是服装类商品,更多的会使用模特图片进行展示,要有留白的部分,并将图片上下拉长,这样在比例上会显得模特的身材更修长,衣服自然也会更具有吸引力,如图 3-23 所示。

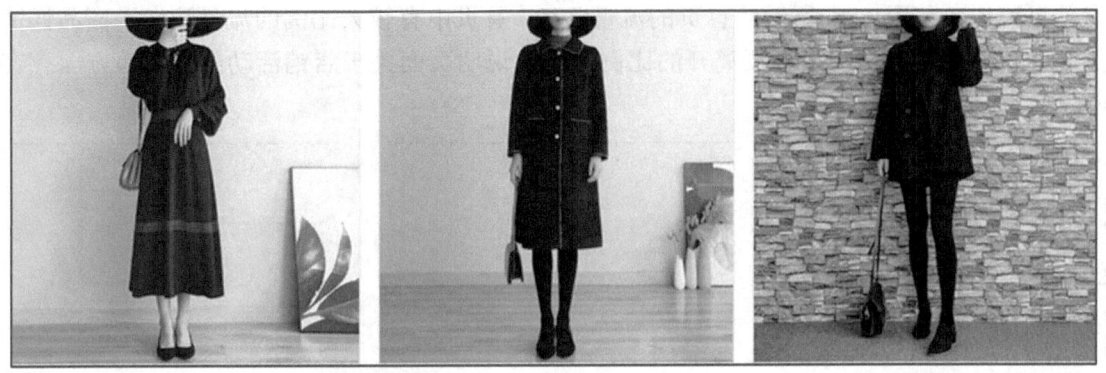

图 3-23

7. 活动展示

活动展示模块,如图 3-24 所示,就是用来展示店铺的各种促销活动的,用活动来增加店铺点击量,提升流量转化率。活动模块的展示方式直接影响店铺的销售情况,好的活动及展示方式也是增加活动效果的主要手段。

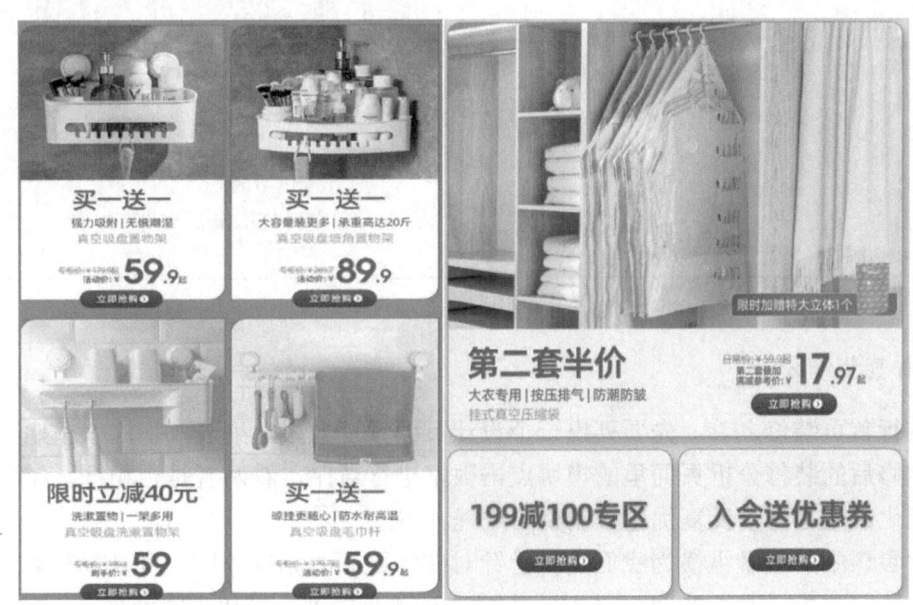

图 3-24

三、首页视觉效果数据分析

1. 首页数据分析需关注的指标

首页是一个店铺的门面,是店内流量的中转站和分配中心。我们需要关注首页的浏览

065

量（PV）和独立访客（UV）的数量、首页的跳失率，以及从首页到宝贝页、导购页的跳转率。其中首页到宝贝页的跳转率、首页到分类页的跳转率，取决于首页设计对买家的引导，只有首页到宝贝页的跳转率增加，才有可能促进相应的成交转化。如图 3-25 所示的生意参谋首页跳失率和图 3-26 所示的首页的流量路径，首页中有较大比例的流量流向了商品详情页及导购页面，但访客在首页离开的比例较高，说明页面关于店铺活动的介绍等方面存在不足。

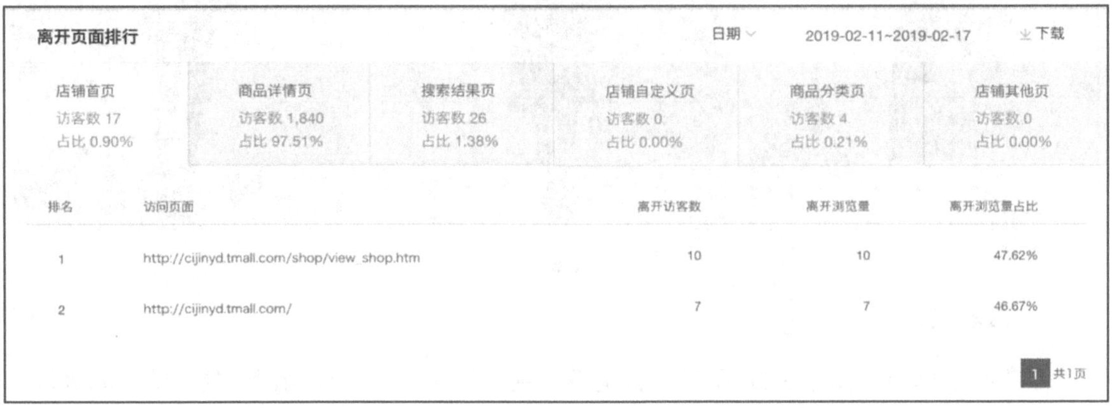
离开页面排行　日期　2019-02-11~2019-02-17　下载

店铺首页	商品详情页	搜索结果页	店铺自定义页	商品分类页	店铺其他页
访客数 17	访客数 1,840	访客数 26	访客数 0	访客数 4	访客数 0
占比 0.90%	占比 97.51%	占比 1.38%	占比 0.00%	占比 0.21%	占比 0.00%

排名	访问页面	离开访客数	离开浏览量	离开浏览量占比
1	http://cijinyd.tmall.com/shop/view_shop.htm	10	10	47.62%
2	http://cijinyd.tmall.com/	7	7	46.67%

1 共1页

图 3-25

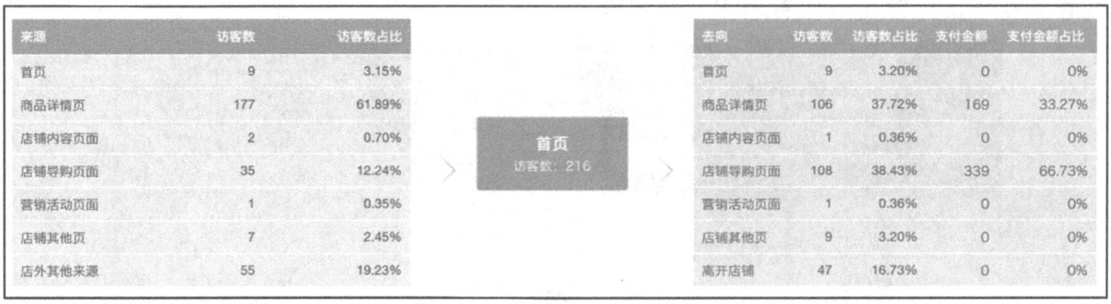
来源	访客数	访客数占比
首页	9	3.15%
商品详情页	177	61.89%
店铺内容页面	2	0.70%
店铺导购页面	35	12.24%
营销活动页面	1	0.35%
店铺其他页	7	2.45%
店外其他来源	55	19.23%

首页　访客数：216

去向	访客数	访客数占比	支付金额	支付金额占比
首页	9	3.20%	0	0%
商品详情页	106	37.72%	169	33.27%
店铺内容页面	1	0.36%	0	0%
店铺导购页面	108	38.43%	339	66.73%
营销活动页面	1	0.36%	0	0%
店铺其他页	9	3.20%	0	0%
离开店铺	47	16.73%	0	0%

图 3-26

2. 首页装修分析

在进行首页装修之首，先要列出一个设计页面预期效果的列表，把这个预期列表中的数据和装修后的装修分析页面里的模块点击数据进行对比，看两者是否相符，如果不符，则进行优化。这是一个反复优化、调整的过程。

生意参谋中的流量纵横为我们提供了针对装修页面的流量分析，可以查看某一天不同页面模块的点击量。图 3-27 所示为某一天猫店铺首页的部分模块点击数据。

首页中点击量较大的是文章分享区域，不少卖家都把类似的互动内容放到了店铺首页中，这符合淘宝平台社群化运营的主流运营方向。在店铺首页中，较新的、吸引人的标题和图片的文章点击量比较大，所以在实操中，如何提升内容分享的更新速度和质量，是内容运营者需要关注的重点。

首页中点击量较大的还有商品分类模块。用户点击首页中的商品分类及下方的产品推荐，可以直接跳转至产品页面，故商品分类模块可以作为直接提升流量转化率的引流区域，对于更多卖家而言,应把大流量模块放置在首页中相对靠前的位置。在商品分类中,不同分类的点击量也有所区别,店铺运营者也应结合一段时间的点击量,调整店铺的活动及内容,以迎合买家的需求。

首页中的优惠券模块点击量少,与首页中没有介绍具体的商品活动有关。买家不清楚店铺卖的商品有哪些,有哪些促销活动,使其在浏览首页时没有下单的冲动,也就不会点击、领取优惠券。

图 3-27

四、详情页装修

一般来说,买家通过搜索最先进入的是内页,即商品详情页。商品详情页布局和详情页促销在本章第二节已经进行了讲解，在这里就详情页的基本信息、功能分解、设计要领及制作流程做一个简单的归类和说明。

1. 商品详情页包含的基本信息

① 商品展示类：色彩、细节、优点、包装、搭配、效果。
② 实力展示类：品牌、销量、生产工艺、荣誉、资质、仓储。
③ 吸引购买类：商品卖点、买家评价、情感打动、热销盛况。
④ 交易说明类：购买、付款、验货、收货、保修、退换货。
⑤ 促销说明类：促销活动、热销商品、搭配商品、优惠方式。

2. 商品详情页功能分解

我们将前面的内容分解成不同的模块。
① 商品整体图片：全面展示商品的整体效果。
② 商品细节图片：从细节展示商品的部分效果。
③ 模特或使用效果图片：模特展示，或情境展示商品的使用效果。
④ 广告图：商品卖点挖掘及促销图。
⑤ SKU属性：以文字或图片、表格等多种形式说明商品的材质、规格等信息。
⑥ 商品介绍：大多以文字形式介绍商品。
⑦ 使用说明：使用流程、洗涤方法（服装类）及商品的使用注意事项。
⑧ 商品卖点：以细节图片和文字放大商品的卖点，一般是生产工艺、材质等细节说明，让买家更详细地了解商品的特性。
⑨ 商品类比：与同类商品进行比较，挖掘本商品与其他商品不同的优势。
⑩ 口碑：展示销售记录、好评、买家评价、热销盛况。
⑪ 企业实力展示：专利展示、奖项展示、行业资质展示。
⑫ 真人秀、真人示范、达人秀。
⑬ 包装展示。
⑭ 售后说明。
⑮ 企业文化展示、品牌文化展示。
⑯ 关联促销。
⑰ 活动图片：店铺活动、其他促销活动等。

这里分解的17个功能模块，是商品详情页描述里常见的一些形式，不排除还有更多。这些模块不一定全部都要堆砌在商品详情页中，针对不同的商品可以在其详情页中放不同的模块。

3. 商品详情页设计要领

商品详情页中的图片要求能够清晰、真实地展示商品。图片拍摄时要注意角度和景别两个方面。角度要求多角度、全面拍摄商品；景别要求被拍摄物体在画面中呈现出的范围、大小有所区别，分别为远景、中景、近景、全景和特写。

4．制作商品详情页的规范流程

① 撰写商品详情页的文案。
② 制作商品详情页模板。
③ 制作完整的效果图。
④ 切片。

项目实训

一、实训目标

1．掌握主图策划技巧。
2．掌握详情页策划技巧。

二、实训项目 1

主图和详情页调研

1．实训任务

调研 3～5 个网店销售的同类产品，将它们的主图和详情页进行比较，指出它们的优点和缺点。

2．实训作业

① 撰写实训报告。
② 小组 PPT 汇报。

三、实训项目 2

主图和详情页策划

1．实训任务

两个同学一组，策划一个商品的网上销售主图和详情页。

2．实训作业

① 撰写实训报告。
② 小组 PPT 汇报。

课后习题

一、判断题

1. 视觉营销的表象是视觉呈现，其核心目的是营销。（   ）
2. FABE法则里的F是指商品能够给买家带来的利益。（   ）
3. 买家会更加信任有实力的企业，因此要通过展示企业的实力，促使买家做购买决策。（   ）
4. 商品详情页的重要影响指标有：页面跳失率、点击率、页面停留时长和转化率。（   ）
5. 短视频账号要想快速涨粉，必须就热门事件快速推出短视频，这个可以先不求质量只求速度。（   ）
6. 店铺首页的功能模块不一定要全部都体现出来，也没有绝对的展现顺序。（   ）
7. 马斯洛理论把人的需求分为5种，从最低层次的生理需求到最高层次的自我实现需求，不同需求的买家对商品的需求不同。（   ）
8. 商品主图的作用是增加产品的复购率。（   ）
9. 商品的卖点越多越能提升买家对商品的兴趣。（   ）
10. 在详情页里使用场景图可以激发买家的购买欲望。（   ）

二、单选题

1. FABE法则是一套连贯的卖点挖掘公式，其中E是指（   ）。
   A．商品的属性
   B．商品的优势
   C．商品的利益点
   D．商品卖点的相关佐证材料
2. 以下关于网店视觉营销的作用说法错误的是（   ）。
   A．提高商品质量
   B．提高流量
   C．提高转化率
   D．提高客单价
3. 马斯洛理论中人的"自我实现的需求"所对应的商品需求是（   ）。
   A．商品的物理价值
   B．商品的品牌价值
   C．商品的情感价值
   D．商品非使用价值

4. 一般来说，买家进入商品详情页后的浏览顺序是怎样的？（   ）

A．价格→主图→评价→详情

B．主图→评价→详情→价格

C．评价→主图→价格→详情

D．主图→价格→评价→详情

5. 引起买家注意的方式有很多，我们用得最多且比较有效的方式是（   ）。

A．热点事件

B．新品上市

C．营销利益点

D．名人效应

6. 关联营销的主要作用是（   ）。

A．提高商品的转化率

B．提升店铺客单价

C．提高店铺的流量

D．提高产品的点击率

7. 当详情页页面跳失率过高，转化率低时，说明（   ）。

A．说明商品价格过高

B．说明流量不精准

C．说明卖点没有吸引力

D．说明建立信任的内容过少

8. 店招一般不包括以下哪种信息？（   ）

A．店铺品牌

B．店铺商品

C．店铺价位

D．会员制度

9. 以下关于海报制作的说法错误的是（   ）。

A．海报一定要做到主题突出

B．海报的主色调要与我们的产品及店铺的主打颜色一致

C．海报里图形的设计要多包涵几个形状

D．海报的文字设计要围绕同一个关键的信息，简洁明了

10. 关于短视频账号的定位，以下说法错误的是（   ）。

A．短视频账号的定位取决于卖家有什么特长

B．一个短视频账号可以定位几类目标人群

C．短视频账号的定位取决于卖家有什么资源

D．短视频账号最好只做垂直领域

三、多选题

1. 视觉营销对于用户体验上的"容易买"涉及较多方面，具体要注意以下哪几点？（　　）

A．店铺中的广告是否都链接到相应的商品页

B．具体的产品页是否帮用户考虑到搭配套餐的选择。

C．商品页的关联是否有必要，尽量去除无关冗余的非关联广告。

D．商品页的图片尺寸和大小是否优化，是否利于用户快速打开阅读

2. 挖掘买家需求的渠道有哪些？（　　）

A．商品评价

B．客户调研

C．客服聊天记录

D．关键词分析

3. 一个好的主图由什么构成？（　　）

A．主图背景

B．商品图

C．文案

D．折扣

4. 可以做关联销售的商品通常包括哪些？（　　）

A．活动商品

B．相搭配的商品

C．同等价位不同款式的商品

D．店铺主推的商品

5. 店铺海报的内容很丰富，一般可以包括哪些内容？（　　）

A．品牌展示

B．新品展示

C．活动展示

D．主推商品展示

6. 售后承诺能够消除买家的购物疑虑，常见的承诺内容包含哪些？（　　）

A．7天无理由退换货

B．24小时发货

C．假一赔三

D．正品保障

7. 促销详情页最好做到以下哪几点？（　　）

A．突出活动力度

B．制造活动紧迫感

C．突出活动热卖氛围

D．突出商品卖点

8．关于动线设计，以下说法正确的是？（　　）

A．不要单一地使用同一种动线方案

B．在动线设计中需要对不同的区域进行区分

C．不要频繁地使用复杂的动线

D．如果一味地使用"Z"字形动线，就会出现页面下方的商品的关注度很低，其点击率也会偏低

9．店铺首页包含了以下哪些功能模块？（　　）

A．店招

B．分类

C．海报

D．商品展示

10．商品详情页包含的基本信息有哪些？（　　）

A．商品展示类

B．实力展示类

C．吸引购买类

D．促销说明类

第 4 章 电商数据分析

 **学习目标**

知识目标：

- 理解数据分析在电商运营中的作用。
- 掌握行业级数据分析的维度和方法。
- 掌握店铺级数据分析的维度和方法。
- 掌握商品级数据分析的维度和方法。

能力目标：

- 能运用数据分析指导选品。
- 能运用数据分析工具进行店铺诊断。
- 能运用数据分析工具进行商品上架前及上架后分析。
- 能根据数据分析的结果制定相应的运营策略。

素质目标：

- 培养学生的理性思维和逻辑思维。
- 培养学生科学地分析问题和解决问题的能力。

 **思维导图**

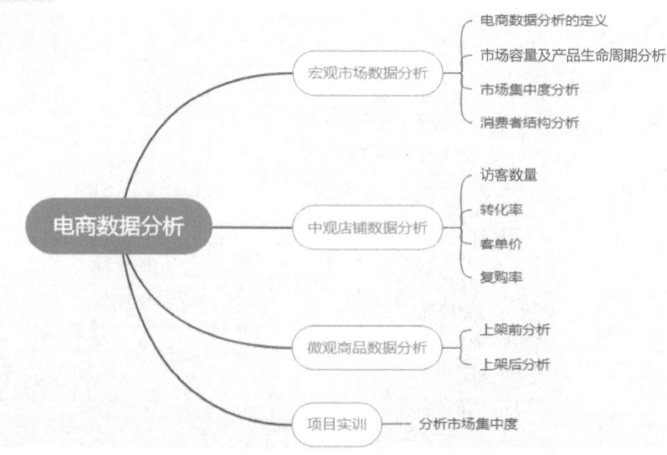

视觉营销案例

第 4 章 电商数据分析

第一节　宏观市场数据分析

✓ 一、电商数据分析的定义

电商数据分析是指运用数据统计分析的方法收集关于电商市场、产品、评价、推广、订单、客户等各方面的数据并加以研究和概括总结的过程。在电商实战中,电商数据分析能够指导运营者做出正确的运营判断和方向决策,进而实现电商销售额的增长和利润的最大化。相比于传统的非数据化营销的方法,数据化营销往往有更高的成功概率和更高的投入产出比。

电商运营的全过程,都离不开数据分析。在一次运营开始前,我们需要结合市场数据与自身能力制订运营计划。在运营过程中,我们需要将运营计划拆解执行。运营结束后,我们需要对运营数据进行总结分析,方便下一次运营的优化和调整。

电商数据分析的分类方式很多,本章将电商运营中的数据分析分为以下三个层级:宏观行业级数据分析、中观店铺级数据分析和微观商品级数据分析。

如果你想到一个实体市场中开店,就必须要了解这里的人流情况、人群构成、竞争对手的数量及其实力。在比实体市场更开放的电商市场中,运营者更需要关注市场数据。针对市场数据,我们主要从市场的容量及生命周期、市场集中度、消费者结构三个维度进行分析。

✓ 二、市场容量及生命周期分析

1. 市场容量及生命周期分析的意义

在选择经营的商品时,我们解决好切入哪些细分市场,确认经营品类的方向,以确保所选行业的市场容量能满足企业的盈利需求。在运营过程中,我们要通过市场容量的变化确定商品销售的策略,考虑好何时上架商品、何时加大推广投入,何时清空库存、退出市场等。

2. 市场容量分析的方法

(1) 生意参谋查看市场大盘

下面我们计算运动鞋类目中运动拖鞋子类目的市场容量。打开生意参谋市场页面中的市场大盘,统计时间选择某月。如图 4-1 所示的 2019 年 1 月淘宝运动拖鞋行业的行业指数,我们可以看到在过去一个月内,包括交易指数在内的所有行业相关指数。

(2) 将交易指数转换为交易额

在新版的生意参谋中,具体的交易额通过特定的公式被转换为交易指数。我们从搜索引擎中找到生意参谋指数转换工具,将交易指数转换为交易额。如图 4-2 所示,我们将交易指数 472003 转换为实际交易额为 6391178 元（即该月的行业成交额）。

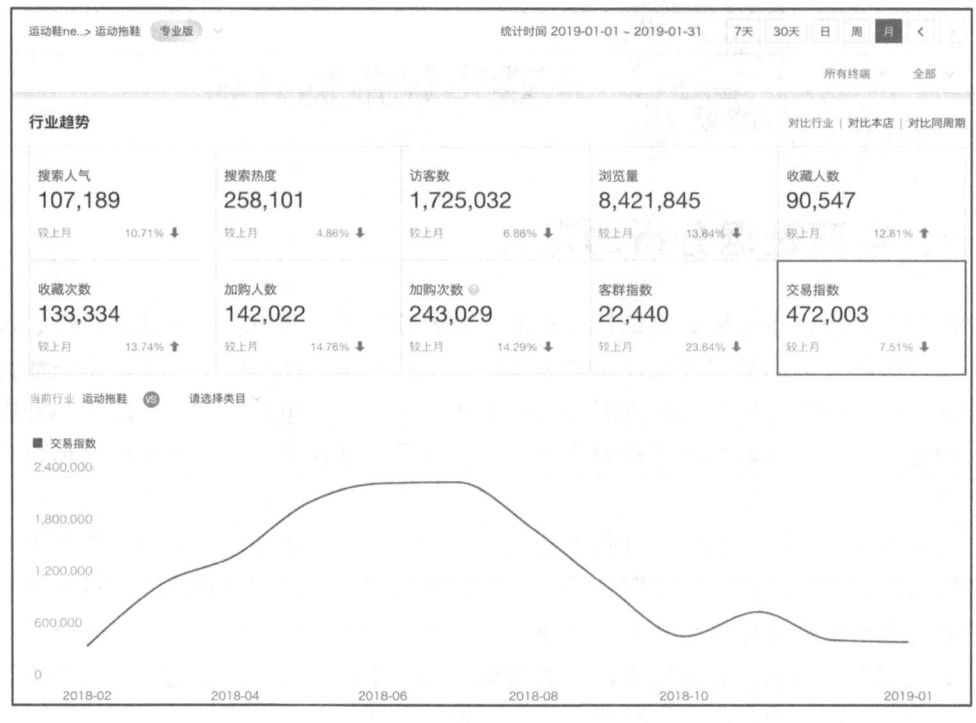

图 4-1

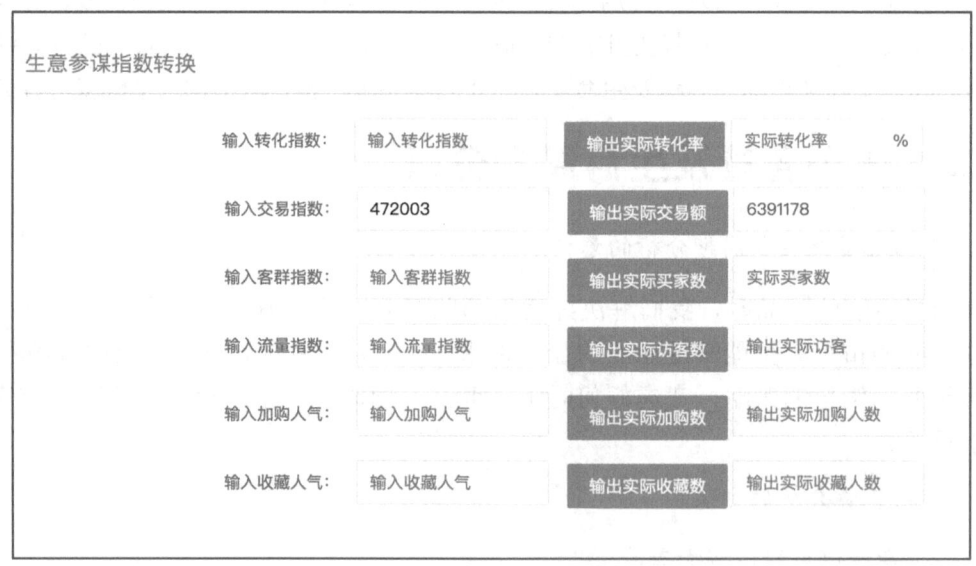

图 4-2

（3）行业长期的生命周期

在分析了市场容量以后，调整生意参谋中的统计时间可查看行业近两年的交易指数。通过同比分析，可以分析行业长时间以来所处的发展阶段。

在任何品类市场中，我们可以根据行业的发展阶段，将其分为导入期、成长期、成熟期、衰退期。如果行业处于导入期和成长期，则此时市场中的竞争者较少、行业增速快，我们可视其为蓝海市场，可以选择快速进入市场，以更快地占领较大市场份额。相反，红海市场则并不适合小卖家进入。

（4）行业短期的生命周期

通过一年内生意参谋的行业交易指数或阿里指数的淘宝采购指数分析行业短期（一年内）的销售趋势，以制订店铺的运营计划。影响行业短期生命周期的因素主要有三种：季节变化，如羽绒服、泳衣等；传统节日影响，如月饼、粽子、巧克力礼盒等；平台活动，如"双11""双12""年中大促""9.9大促""年货节"等。

三、市场集中度分析

市场集中度分析

1. 市场集中度分析的意义

市场集中度是指在特定市场中前几家最大的企业所占的销售份额。一般来讲，一个市场的市场集中度越高，说明大企业的市场支配能力越强，相应地，小企业的市场支配能力越弱，这对小企业的发展是十分不利的。

2. 市场集中度分类

根据行业 TOP 品牌占有率的绝对份额，如图 4-3 所示，市场可以分为散点式市场、块状同质化市场、团状异质化市场三种类型。

散点式市场，指头部品牌的市场占有率不高，增长相对缓慢的市场。此类型市场还缺乏强有力的优势品牌，竞争格局尚未定型，该形态市场中有较多的市场机会。

块状同质化市场，指少量头部品牌在整个市场中具有很高占有率的市场。此类型市场腰部及以下品牌被严重挤压，市场竞争格局基本已定，呈寡头垄断结构，新卖家很难立足。表 4-2 中的运动拖鞋行业是典型的块状同质化市场。

团状异质化市场，指头部品牌的市场占有率不高，且增长不明显的市场。此类型市场腰部品牌的市场占有率较大，且增长迅速。腰部品牌通过差异化，取得了良好的发展。该形态市场中有较多的市场机会。

	散点市场	块状同质化市场	团状异质化市场
描述			
集中度曲线	较低的市场集中度	少量头部品牌的市场占有率很高，腰部及以下品牌被严重挤压	头部品牌的市场占有率不高，且增长不明显；腰部品牌的市场占有率较大，且增长迅速
解释	地方品牌林立，缺乏行业领导品牌	部分有进取心的企业迅速扩张，挤占了众多地方品牌的市场，市场呈寡头垄断结构	部分行业"黑马"以其特色产品，独特卖点及市场细分化策略蚕食市场，在一定程度上削减了领先企业的份额
策略意义	区域市场扩张，渠道扩张	较强的市场投入，迅速的销售扩张	市场细分化，特色经营，基于差别化消费的特卖点诉求

图 4-3

四、消费者结构分析

1. 搜索行为分析

买家在购买商品前，基本会有两种行为，一种是浏览淘宝及天猫平台上包括活动及广告在内的各种页面；另一种就是大部分买家的惯性行为，即通过搜索下拉框寻找自己需要的商品。分析买家的搜索行为有利于我们了解买家的购物需求。

通过生意参谋中的"行业热词榜"，我们可以分析最近一段时间类目搜索的排行榜。下面以运动拖鞋类目为例，如图4-4所示，我们发现在类目搜索词中排在前面的都是品牌词。这反映了买家在选购运动拖鞋这个商品时，第一需求是拖鞋的品牌。该类目品牌化严重，搜索流量都流向了拥有这些品牌词的店铺，所以卖家如果经营的是自主品牌，则想要获取搜索流量就会变得非常困难。

搜索词	热搜排名	搜索人气	点击人气	点击率	支付转化率	操作
耐克拖鞋	1	125,108	94,207	93.89%	4.20%	搜索分析 人群分析
nike拖鞋	2	109,410	83,464	101.54%	3.98%	搜索分析 人群分析
aj拖鞋	3	88,341	70,226	93.77%	3.71%	搜索分析 人群分析
puma拖鞋	4	77,159	58,312	108.84%	3.97%	搜索分析 人群分析
李宁拖鞋	5	75,924	59,993	88.78%	5.10%	搜索分析 人群分析
彪马拖鞋	6	75,390	57,064	101.02%	3.91%	搜索分析 人群分析
安德玛拖鞋	7	66,863	50,862	89.81%	5.19%	搜索分析 人群分析
耐克拖鞋女	8	61,623	47,231	93.35%	2.49%	搜索分析 人群分析
耐克拖鞋男	9	59,158	41,938	77.15%	4.11%	搜索分析 人群分析

图4-4

2. 搜索属性分析

通过买家的搜索行为，我们还可以分析出买家对一些商品属性的需求，如图4-5所示，通过分析运动拖鞋热搜核心词，我们可以发现这些词语都代表着一定的买家需求，如列表中的鸳鸯、魔术贴等，这些都可以为我们在定制商品、制作商品描述及说明的时候提供帮助。

3. 买家人群画像

我们在经营网店的时候，需要了解买家。以往在了解线下消费者的时候，我们会通过问卷调查、访谈等各种方式，整个流程较为复杂。而在线上，我们就可以全样本进行统计，在淘宝中，行业的买家人群画像主要由以下三个方面组成。

搜索词	长尾词	品牌词	核心词	修饰词				所有终端
核心词排行	热搜	飙升					请输入关键词	
搜索词	热搜排名	相关搜索词数	相关词搜索人气	相关词点击人气	词均点击率	词均支付转化率		操作
拖鞋	1	1,498	60,303	45,484	93.07%	4.96%		搜索分析 人群分析
凉拖	2	62	6,798	4,851	91.17%	6.16%		搜索分析 人群分析
鸳鸯	3	41	4,627	3,222	84.56%	7.06%		搜索分析 人群分析
魔术贴	4	53	4,380	3,297	80.68%	4.87%		搜索分析 人群分析
凉鞋	5	21	3,692	2,871	103.29%	4.86%		搜索分析 人群分析
篮球	6	13	2,827	2,149	65.45%	5.04%		搜索分析 人群分析
鞋	7	37	2,600	1,804	82.60%	4.73%		搜索分析 人群分析
棉拖鞋	8	2	1,895	1,263	55.54%	0.44%		搜索分析 人群分析
独角兽	9	2	1,563	590	29.00%	-		搜索分析 人群分析

图 4-5

买家支付偏好。通过生意参谋，我们可以查看行业中买家支付金额的分布，了解行业的主要竞争价格带，以明确自身的商品价格定位。还可以查看买家的支付频次，了解行业的复购率，以明确自己是以拉新为主还是以吸引老客户为主。

买家属性。通过分析买家属性，我们可以选择需要重点分析的客户群体，看他们具有什么样的特征，这些特征可以为我们的日常营销提供一定的帮助。生意参谋中可查看该行业买家的年龄、性别、职业、城市分布等信息。其中年龄、性别、职业等可用来分析该行业买家的部分产品需求特征，城市分布则为我们划定付费推广的区域提供了建议。

来访时段，反映了该行业买家浏览商品时段的习惯。这是我们投放分时广告的依据，店铺中商品的上架时间、下架时间、接待客服的排班及换班安排也可参考买家访问高峰时段进行优化。

第二节　中观店铺数据分析

通过上一节的宏观行业数据分析，网店运营的目标和执行方案可以有理有据地做出来了，网店可以开始正式运营了。在店铺运营的过程中，我们需要通过店铺数据的分析来对运营效果进行评估、调整。

店铺成交额=访客数量×转化率×客单价　　　　　（公式 1）

我们从访客数量、转化率、客单价，和复购率、动态评分这五个指标来诊断一个店铺的健康度。

✓ 一、访客数量

中观店铺数据分析

访客数量（UV，Unique Visitor），即全店各页面的访问人数，访客数量和淘宝中流量的概念相当。图 4-6 展示的是 2018 年某店铺全年流量趋势，我们根据店铺的流量来源不同，可将店铺流量分为站内流量和站外流量。

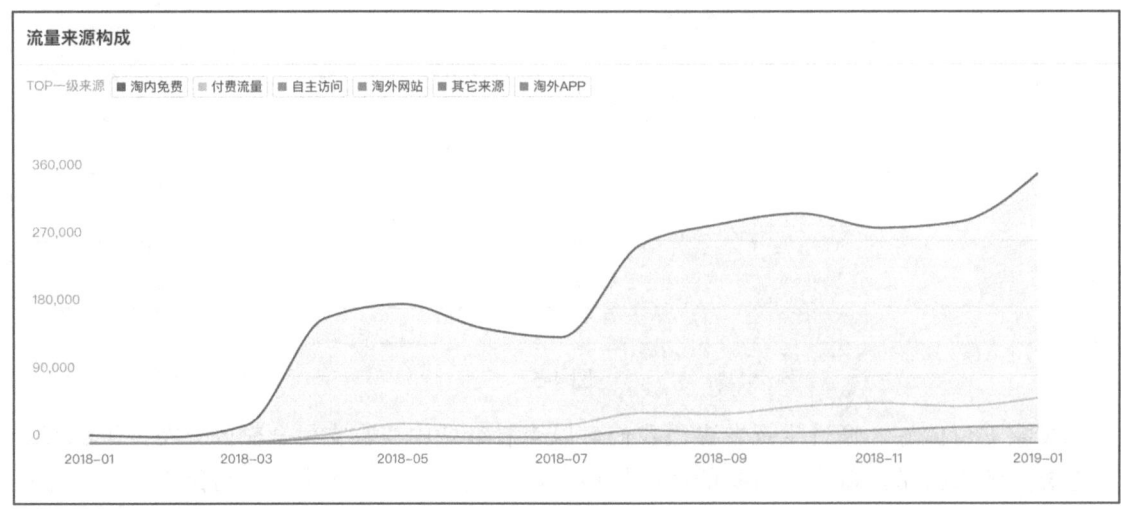

图 4-6

1. 站内流量

（1）站内免费流量

图 4-7 展示的是 2019 年 1 月店铺淘宝移动端免费流量的部分数据。在图 4-7 中，除了手淘搜索和天猫客户端搜索带来的流量，还有手淘首页、天猫客户端首页带来的流量也非常大，并且增长非常迅速。类似手淘首页、天猫客户端首页的流量入口有很多，如有好货、必买清单、生活研究所、每日好店、猜你喜欢等。

（2）站内付费流量

图 4-8 中显示的流量入口都是常见的付费流量入口，它们在店铺流量中占比越大就意味着卖家获取流量的成本越高，因此在使用这些流量前，卖家一定要明确引入流量的目的，是测图测款、为产品打标签，还是维持产品的高权重、高销量。卖家明确引入流量的目的有助于制定相应的推广策略，提升付费推广的效果。

统计时间 2019-01-01 ~ 2019-01-31　　实时 1天 7天 30天 日 周 月 < >

构成　对比　同行　　　　转化效果归属于：每一次访问来源　无线端

流量来源	访客数	操作
淘内免费	299,137 +21.98%	趋势
手淘首页	100,023 +108.88%	趋势 商品效果
手淘搜索	80,683 -13.50%	详情 趋势 商品效果
淘内免费其他	58,399 -13.22%	详情 趋势 商品效果
猫客首页	33,623 +94.66%	趋势 商品效果
猫客搜索	15,486 -12.12%	详情 趋势 商品效果
手淘淘金币	15,068 +102.55%	趋势 商品效果
手淘拍立淘	8,432 -26.93%	趋势 商品效果
手淘找相似	2,743 +50.22%	趋势 商品效果
手淘其他店铺商品详情	2,209 +34.45%	详情 趋势 商品效果
手淘试用	1,807	趋势 商品效果

图 4-7

统计时间 2019-01-01 ~ 2019-01-31　　实时 1天 7天 30天 日 周 月 < >

构成　对比　同行　　　　转化效果归属于：每一次访问来源　无线端

付费流量	36,829 +31.40%	204 +23.64%	0.55% -5.91%	趋势
直通车	31,447 +18.56%	86 -5.49%	0.27% -20.29%	详情 趋势 商品效果
淘宝客	5,451 +252.36%	123 +59.74%	2.26% -54.67%	趋势 商品效果
智钻	23 +283.33%	0 -	0.00% -	趋势 商品效果
聚划算	2 +100.00%	0 -	0.00% -	详情 趋势 商品效果

图 4-8

（3）自主访问

自主访问包括我的淘宝、购物车、直接访问。这部分流量主要由已加购物车、收藏客户及老客户贡献。

2. 站外流量

站外流量主要包含卖家在（淘宝）站外（如百度、谷歌等搜索引擎，新浪、Facebook 等社交媒体）做的广告投放。例如，当用户浏览新浪首页、微博主页时，都可能出现其最近浏览过的品牌广告。这就是淘宝基于千人千面，为卖家提供的一些站外推广策略和手段。目前非常多的卖家通过微信、微博、小红书等社交媒体进行宣传，这样可以吸引并沉淀很多站外流量，也是流量运营的一个趋势。

3. 关于流量的小结

淘宝店铺大部分的流量源于以上渠道，卖家可以根据这些入口和数据再结合自己店铺的成长指数来引入流量。一般而言，在店铺的初级阶段，做好自然搜索流量，即写好商品的标题是基础工作。直通车这一精准推广工具也要利用好，可以利用其进行定向推广、测词、测图，明确店铺和产品标签。卖家在淘宝中可以通过付费流量，适时提升店铺成交量。

有些卖家将付费流量控制在 50%以下，这样做究竟对店铺是否有益还要看店铺的级别。如果是新开的店铺，那么付费流量可以控制在 50%，而且可以继续引入较多的付费流量。根据类目和店铺所处的阶段来看，店铺的流量有多少算是健康呢？如果店铺已经到了金冠级别，或者说运营团队已经非常成熟，那么店铺的免费流量，付费流量，老客户流量，站外流量的比值是 3:3:3:1，这样更健康。店铺流量的配比没有绝对的标准，但付费流量的比例一定要控制好。

✓ 二、转化率

转化率作为电商运营中的一个指标，也是卖家极为关注的。以下我们将结合成交转化漏斗模型来解释淘宝平台中成交转化的流程。

1. 成交转化漏斗模型

转化率是一个网店重要的指标，这个指标关系到店铺的成交人数。我们将本节公式 1 进行拆解如下。

$$成交人数=访客数量×转化率 \quad (公式2)$$

成交转化率漏斗模型，如图 4-9 所示。店铺的访客数量经过漏斗的过滤，最后转变为成交人数。

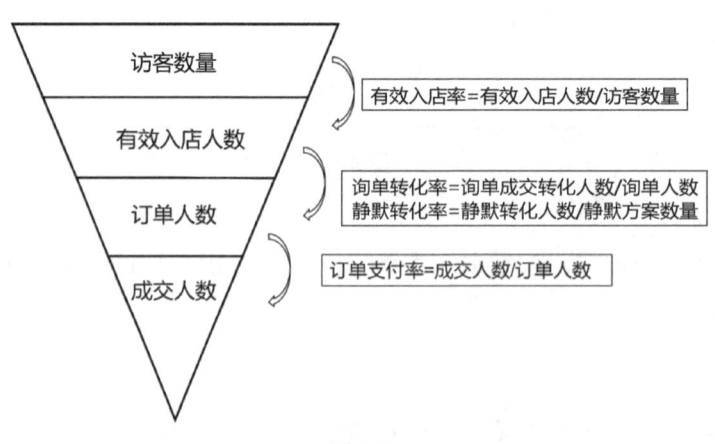

图 4-9

（1）有效入店率

衡量访客是否流失的重要指标是访客跳失人数，访客跳失人数指访问店铺中的一个页面就离开的访客数量。与跳失人数相对应的是有效入店人数，有效入店人数指至少访问了店铺两个页面才离开的访客数量，即访客数量=有效入店人数+跳失人数。所以成交转化率漏斗模型第一层就是有效入店率，有效入店率=有效入店人数 / 访客数量，而跳失率=跳失人数 / 访客数量。对于一个店铺来说，要尽可能地降低全店的跳失率，增加全店的有效入店人数。

（2）询单转化率和静默转化率

询单转化率=询单成交转化人数 / 询单人数。但店铺还会存在部分买家（特别是回购的买家），因为他们对店铺非常认可，在购买商品的时候不咨询客服就直接下单了，所以静默转化率=静默成交人数 / 静默访客数量。一般而言，询单转化率都会高于静默转化率。

（3）订单支付率

订单支付率=成交人数 / 订单人数。在淘宝平台中，有一定比例的买家在拍下宝贝形成订单后并不付款，没有成为最终的成交人数。

2. 查看转化率指标

图 4-10 为某店铺整体商品支付数量及收藏、加购数量，直接表明了该店铺的转化效果。图 4-11 为某店铺单个商品的支付转化率及加购数量，相关人员可以对单个商品的具体数据展开分析。

转化效果	加购件数	支付件数	异常商品数	商品收藏次数
	13,574	1,685	376	6,608
	较2018-12 ↑156.31%	较2018-12 ↑37.44%	较2018-12 ↓1.57%	较2018-12 ↑10.45%

图 4-10

统计时间 2019-01-01 ~ 2019-01-31　　7天　30天　日　周　月

商品	商品访客数	商品加购件数	支付件数	支付金额	支付转化率	操作
中国李宁运动套装男装春秋冬季健… AWEN049 较去年同期	23,195 -7.28%	1,469 -5.47%	254 -18.33%	57,906.83 -21.22%	0.98% +8.89%	详情 关注
中国李宁羽绒服男士春季新款正品… AYMN145-1-2 较去年同期	11,153 +380.11%	518 +270.00%	106 +265.52%	33,649.10 +220.42%	0.88% -27.27%	详情 关注
李宁男鞋加绒正品保暖Bubble半掌… AGLN119 较去年同期	9,464 +10.06%	194 -49.08%	28 -31.71%	11,655.76 -27.05%	0.29% -35.56%	详情 关注
李宁女鞋新款正品春季旅游鞋透气… ARBN006 较去年同期	6,716 -45.91%	439 -33.48%	65 +32.65%	10,685.68 +38.28%	0.88% +125.64%	详情 关注
李宁运动袜男财大气粗健身跑步袜… AWSP048 较去年同期	5,679 +567,800.00%	966 +96,500.00%	329 -	9,655.36 -	3.05% -	详情 关注
李宁男鞋Superwave休闲旅游鞋子… AGCN121 较去年同期	20,960 -14.28%	483 -44.86%	37 -41.27%	9,481.47 -41.08%	0.18% -25.00%	详情 关注
李宁男鞋春季情侣旅游鞋子夏季厚… ARHN079 较去年同期	2,084 +7.26%	80 -1.23%	25 +127.27%	7,878.16 +107.92%	0.96% +88.24%	详情 关注
李宁男鞋休闲鞋2019新款耐磨半掌… AGBP065 较去年同期	244 -	28 -	14 -	6,646.00 -	0.41% -	详情 关注
李宁男鞋新款冬季加绒Pioneer保暖… AGCN125 较去年同期	1,428 -22.64%	72 -40.50%	19 0.00%	6,242.86 -13.29%	1.26% +22.33%	详情 关注
李宁女鞋慢跑跑步户外植绒户外旅… ARHK072-2 较去年同期	1,362 +215.28%	157 +207.84%	53 +341.67%	5,502.96 +352.20%	3.52% +203.45%	详情 关注

图 4-11

三、客单价

客单价的定义：每一个买家一段时间内在店铺里购买的商品总额的均值。客单价的决定因素的相关公式：单个卖家的客单价=计算周期内支付金额/支付买家数量，也等于日均客单价×购买频次。客单价实际上由两个因素决定：第一个因素是买家每次的购买金额，通常我们会把同一个买家在一天之内在同一个店铺内的购买金额按日合并，算作一次消费，这就是日均客单价。第二个因素就是购买频次，即买家在这段时间内购买了几次。

为何要这样分解？从买家行为的角度来说，一个买家每次购买多少金额的商品，和他下一次什么时候回购是两件事情，前者主要取决于卖家在每次购物时的引导、推荐，包括关联销售和商品定价等因素，后者主要取决于店铺运营者的回头客营销策略。

图 4-12 为生意参谋中月度客单价曲线，该店铺整体客单价低于行业优秀水平，有待提升。

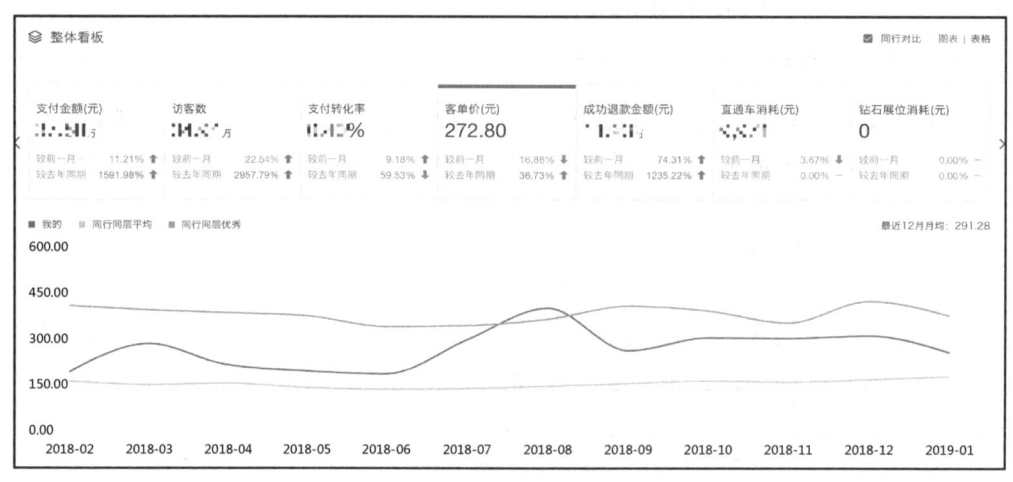

图 4-12

影响日均客单价的三个因素：关联销售、商品定价、订单中同一商品的重复购买率。商品定价直接影响客单价。本小节将主要讨论关联销售，复购率则将在下一节中学习。

1. 关联营销

关联营销就是通过某种形式的暗示和推荐，让买家对多个商品产生兴趣，并最终实施购买的行为。关联营销主要有两种比较常见的形式。一种是关联营销的商品之间有一定直接关系，如功能、风格等属性是互补的（茶具和茶叶，奶粉和奶瓶）。还有一种是将功能相似的商品放在一起，让买家清晰地了解多个相似商品之间的区别，从而做出购买决定，降低买家在当前商品页面的跳失率，并可能引导买家同时购买多个商品。

2. 生意参谋关联销售

生意参谋客单看板中对于关联销售有两个概念：人均支付件数和连带率，如图 4-13 所示。人均支付件数指的是在统计周期内，支付商品件数/支付买家数量。连带率指的是在统计周期内，每个订单平均的商品件数，即支付子订单数/支付主订单数。例如，在一天内共有一个成交订单,订单中包含 2 件 M 码短袖,1 件 L 码短裤,那么一天的人均支付件数为 3,而连带率为 2。一般我们认为人均支付件数与商品的特性有关,卖袜子的店铺大多会比卖鞋的店铺的人均支付件数多。我们看店铺的关联销售程度更多的是关注连带率,如图 4-14 所示。生意参谋也基于近期的买家购买记录,提供了关联销售的推荐。

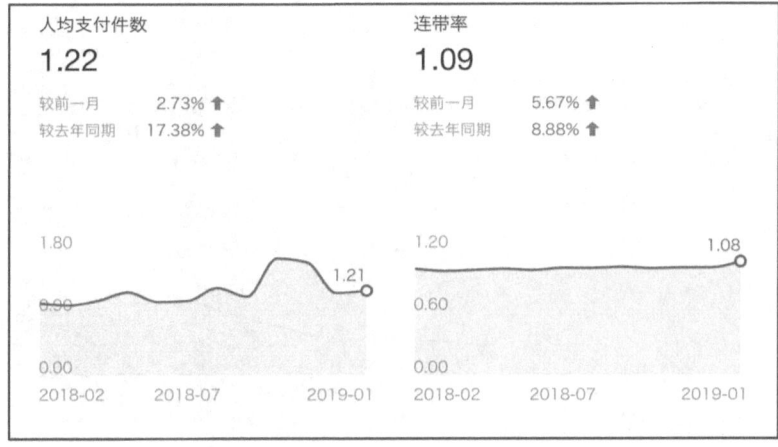

图 4-13

图 4-14

四、复购率

中国电子商务中心提供的公开数据表明,卖家获得新买家的成本是维护老客户的 5～10 倍;一个对商品或服务满意的买家会带来 8 笔潜在的生意,一个对商品或服务不满意的买家可能会影响 25 个人的购买意愿。以上数据表明,店铺要维持业绩的增长,新买家要抓,更要关注老客户的维护和复购。

复购率=购买次数大于 1 次的人/所有购买过的人。例如,10 个人中有 6 个人的购买次数大于 1,那么复购率就是 60%。在淘宝的生意参谋中并没有直接展示商品复购率的地方,因为通常计算复购率的时候我们要加入时间维度,如月复购率,即在上一个月购买的人群中,下个月依然购买商品的人数所占的百分比,还有季度复购率,年复购率,具体以哪种复购率作为参考，需要根据商品特性加以判断。例如，快消品可能要看月度复购率；眼镜店可能会考虑年复购率。如图 4-15 所示，在整体看板中，将支付老买家数量与支付买家总数量相除即可获得某个时间段内的复购率，同时可以勾选同行对比，将自家店铺的复购率与行业平均复购率及行业优秀店铺的复购率相比较。

图 4-15

1. 动态评分

复购率和商品、店铺营销、品牌建设等多方面都相关，其中很重要的一环是服务，在淘宝中满意度的表现为动态评分（DSR）。DSR 是系统每天根据最近 180 天所有买家给出的评分的平均数，淘宝系统从商品、售前咨询、售后服务、物流、纠纷五个维度对店铺进行评价，相关人员可以在生意参谋的"服务洞察"中对店铺的服务体验进行诊断，如图 4-16 所示。

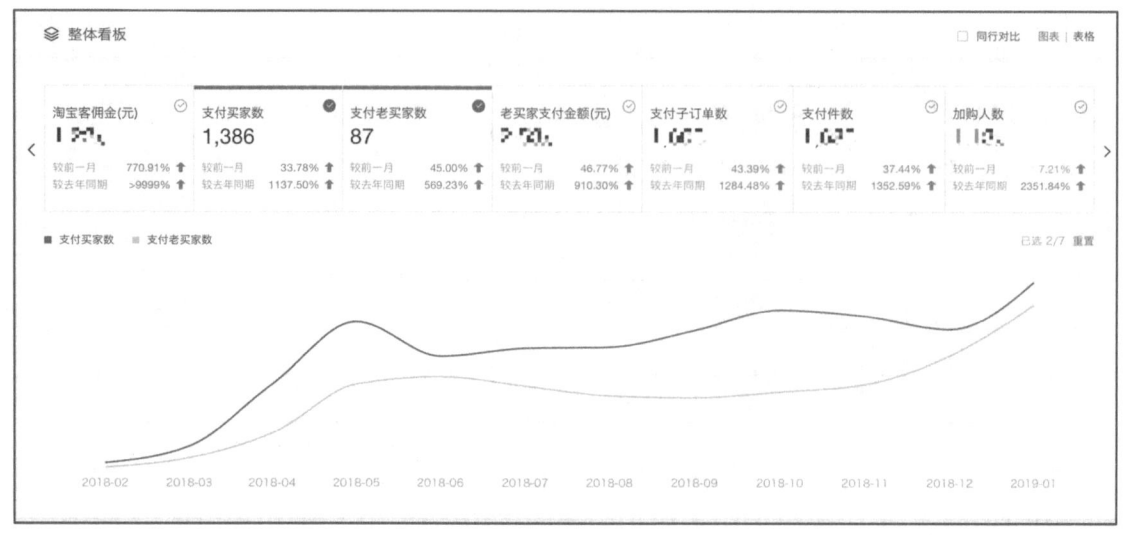

图 4-16

商品与描述相符。商品的质量要过关，卖家在发货前要做好质检，不要出现次品。卖家对商品的款式、尺寸、颜色、功能等的描述要准确。

售前服务和售中服务的态度。客服人员在回答买家的售前咨询时，不要复制粘贴固定句式，不能让买家觉得是在和一个机器人聊天，而是要用心地介绍商品的尺寸、功能等。售中做好订单进度关注，并让买家做好收货准备。

售后问题。遇到售后问题要主动承担责任。当买家提出商品存在质量瑕疵、包裹破损等问题时，用退换货、补偿等方式化解争议。

物流服务。卖家应保证做到货源稳定、及时发货，并可在包裹的细节方面取胜。

订单纠纷。对于店铺中的正常纠纷要积极跟进并处理；针对恶意纠纷则要保存证据，做好应对。

我们可以通过旺旺的聊天记录及买家的评价来推测买家不满意的地方，从而有针对性地加以改进。生意参谋中提供了全店各方面评价内容的分析，如图 4-17 所示。如图 4-18 所示，卖家也可点击右侧的单品分析查看单个商品详细的评价及纠纷情况。

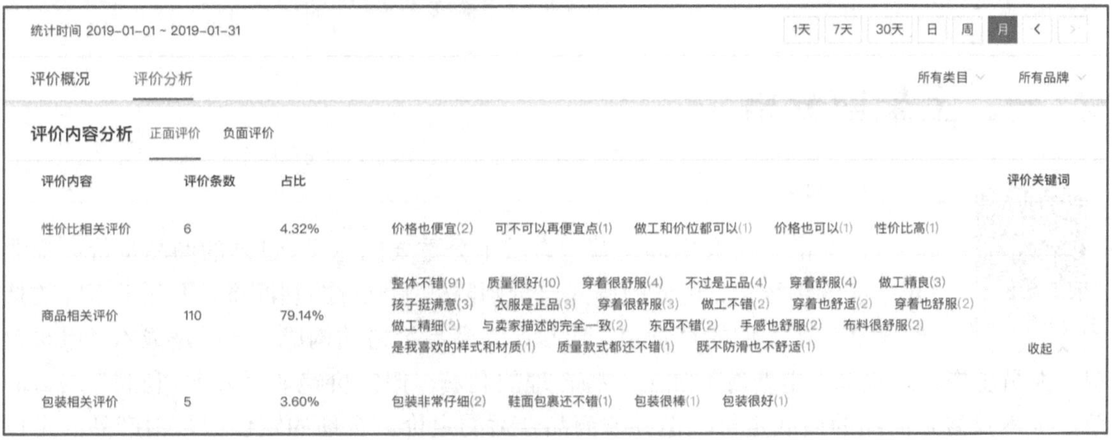
统计时间 2019-01-01 ~ 2019-01-31　1天　7天　30天　日　周　月

评价概况　评价分析　所有类目　所有品牌

评价内容分析　正面评价　负面评价

评价内容	评价条数	占比	评价关键词
性价比相关评价	6	4.32%	价格也便宜(2)　可不可以再便宜点(1)　做工和价位都可以(1)　价格也可以(1)　性价比高(1)
商品相关评价	110	79.14%	整体不错(91)　质量很好(10)　穿着很舒服(4)　不过是正品(4)　穿着舒服(4)　做工精良(3)　孩子挺满意(3)　衣服是正品(3)　穿着很舒服(3)　做工不错(2)　穿着也舒适(2)　穿着也舒服(2)　做工精细(2)　与卖家描述的完全一致(2)　东西不错(2)　手感也舒服(2)　布料很舒服(2)　是我喜欢的样式和材质(1)　质量款式都还不错(1)　既不防滑也不舒适(1)　收起
包装相关评价	5	3.60%	包装非常仔细(2)　鞋面包裹还不错(1)　包装很棒(1)　包装很好(1)

图 4-17

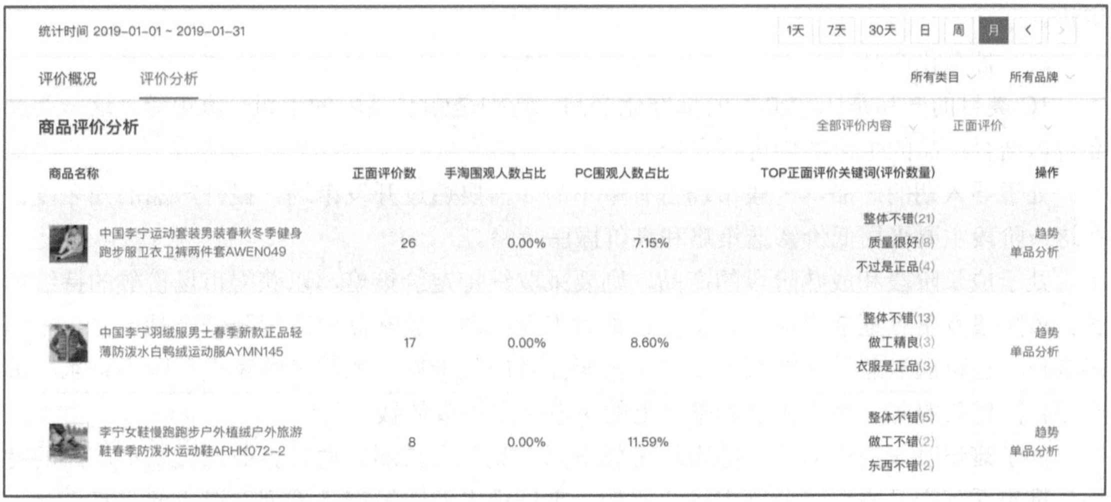
统计时间 2019-01-01 ~ 2019-01-31　1天　7天　30天　日　周　月

评价概况　评价分析　所有类目　所有品牌

商品评价分析　全部评价内容　正面评价

商品名称	正面评价数	手淘围观人数占比	PC围观人数占比	TOP正面评价关键词(评价数量)	操作
中国李宁运动套装男装春秋冬季健身跑步服卫衣卫裤两件套AWEN049	26	0.00%	7.15%	整体不错(21) 质量很好(8) 不过是正品(4)	趋势 单品分析
中国李宁羽绒服男士春季新款正品轻薄防泼水白鸭绒运动服AYMN145	17	0.00%	8.60%	整体不错(13) 做工精良(3) 衣服是正品(3)	趋势 单品分析
李宁女鞋慢跑跑步户外植绒户外旅游鞋春季防泼水运动鞋ARHK072-2	8	0.00%	11.59%	整体不错(5) 做工不错(2) 东西不错(2)	趋势 单品分析

图 4-18

2. 复购率的取舍

一是品类维度，相关人员可根据商品特性考量复购的周期统计维度。例如，食品的购买周期是周，快消品、服装可以考虑月复购率。在提升复购率的手段中提升品类丰富度是一种很好的手段。卖家还可以通过扩充品类提升满足买家需求的能力，从而提升单个买家的复购率及价值。

二是运营阶段。在拉新阶段，最重要的是获取新会员，此时复购率必然是比较低的；在买家留存阶段，重要的是新老会员的转化，复购率会有所增长；在活跃和转化阶段，重要的是会员向忠实会员的转化，此时复购率必然会提升。所以卖家是否该重点考量复购率也和商品的运营阶段、企业的资源、团队在运营方面的取舍等相关。

第三节　微观商品数据分析

一、上架前分析

微观上架前分析

1. 商品定价

商品的定价在电商运营中有着十分重要的意义，过高的商品定价会削弱买家的购物欲望，过低的商品定价则降低了自身的利润率，不利于店铺的持续发展。在人们的直觉中，通常认为商品价格的构成，一般是成本（原材料费、人员工资、房租、水电费等）加上一些合理的利润。但定价绝非"成本+利润"这么简单，成本只能是商品的最低定价，但并非商品合适的定价。合理的定价应是由产品的定位决定的。接下来我们将从标准化产品和非标准化产品来分析如何结合产品定位对产品进行定价。

（1）标准化产品

3C类目的产品是比较典型的标准化产品，特别是知名品牌的手机、家电等。这一类产品可以结合产品的生命周期进行定价。

处于导入期的产品，一般市场占有率不高，需要通过开发市场，提升产品的知名度。在这一阶段主要采用低价渗透策略和高价撇脂策略。

处于成长阶段和成熟阶段的产品，则要采取维持定价策略，以获得市场份额的持续增长。该阶段竞争者逐渐增加，为了持续扩大市场份额，通常需要适度降低产品价格，来赢得客户。也可通过差异化的服务来稳定甚至提升产品价格，如同样的家电，因为京东、苏宁平台的优质服务，客户愿意为平台上的家电付出更多的钱。

处于衰退阶段的产品，产品市场份额下降，竞争力减弱。通常企业通过增加产品的特性，推出系列产品来继续分割市场。例如，宝洁推出的洗发产品系列：海飞丝主打去屑，飘柔主打柔顺，潘婷主打对头皮的保护。这样通过不同的产品定位将市场细分，同时对产品的价格也进行了梯度设计，最终让产品获得了持续的市场竞争力。

（2）非标准化产品

服装类、生鲜类产品是比较典型的非标准化产品，这一类产品的质量、服务等影响价格的因素存在较大的差异，产品定价相应地也存在较大的浮动空间。非标准化产品的定价，除了产品成本，更多的是与消费者可以感受到的"产品的好处"相关。

例如，女性消费者对于包包的需求，简单可以分为两类：最基础的需求是装东西，而高层次需求是将其当作配饰并体现身份。只作为装东西的包包的价格较低，当把包包的定位提升到体现身份，如香奈儿、LV等，包包的价格就会高很多。在电商运营中就需要网店的视觉、客户服务、物流等与产品价格定位相匹配。

总的来说，相关人员主要综合产品自身情况及行业主体情况进行产品定价。其中行业主体价格可参考生意参谋中行业数据及淘宝搜索结果页中的价格分布。

2. 买家搜索习惯分析

产品能否被买家搜索到？这就要求我们分析买家的搜索习惯，调整我们的关键词、买家人群设定，来增加产品的曝光量。

（1）关键词的选择

新上架的商品要有足够的曝光量才能获取流量，产品获得曝光量的第一要素就是标题。我们可以利用浏览器插件"店查查"，结合宝贝关键词分析，分析竞品在不同平台中的进店关键词，以此为参考设定商品标题和直通车创意词。店查查搜索结果页，如图4-19所示。

图4-19

生意参谋则提供了更完整的关键词数据。如图4-20所示，流量纵横中的选词助手提供了现有店铺商品的进店关键词。一个店铺中的商品定位是相似的，进店买家的需求也是相似的，故可以参考店铺其他商品的引流搜索词。对于新开设的、尚没有发布商品的店铺，生意参谋同样提供了行业相关搜索词，卖家也可以结合自身产品的特点和定位制定关键词策略。

图 4-20

（2）人群标签的设定

手淘搜索结果，尤其是非标准化产品，除了关键词，还与基于千人千面的商品标签相关。相同时间、搜索关键词，不同的账号搜索结果会有不同，这是因为不同的人群标签会有不同标签的商品与之匹配。搜索结果中也会出现与关键词不完全相同的、个性化的搜索结果。如图 4-21 所示，搜索欧美女装，前两排结果都不与搜索词完全匹配，但在商品属性页可见"欧美"的属性词，如图 4-22 所示。

图 4-21

我们在上架新商品前要填写商品属性，如消费者群体、风格、年龄段等。淘宝搜索引擎就是利用这些属性、商品价格、图片文案描述与不同标签人群的搜索习惯进行匹配。例如，卖家在发布商品时，没有将商品的属性填写完整或者错填资料，那么买家在选择风格或者年龄段时，系统就不会展现该商品。因此对于一个新上架的商品，做好商品属性、定价、视觉策划，有助于形成淘宝个性化搜索人群标签。

图 4-22

商品属性的选择需要结合商品本身属性及行业的热门属性数据，不可误填或蹭热门填写。

二、上架后分析

1. 日常经营数据监控

对于单品而言，在商品运营初期，影响成交量的主要是流量和转化率两个指标。

（1）流量

流量分为站内免费流量、付费流量、自主访问及站外流量等四种，这些不同的流量来源，在一个店铺中，应该有合理的配比。关注各个流量渠道的数据表现，优化推广，是流量运营的关键。日常的监控可以填写流量监控表（统计各流量渠道的流量），结合运营计划进行流量诊断。

对于付费流量，卖家则要关注投入产出比。例如，直通车流量，直通车流量出价主要有关键词和人群两个维度。卖家需要记录直通车不同关键词在不同时间段内的流量、转化率，降低低流量时间段的折扣，提高投入产出比，如表 4-1 所示。对于人群同样需要利用表格记录人群出价、溢价及流量。

表 4-1 关键词流量监控

关键词	质量分&出价	00:00—01:00	01:00—02:00	02:00—03:00	……
关键词1		（折扣）&（流量）			
关键词2					
……					

（2）转化率

转化率由静默转化率、询单转化率构成。转化率与流量的精准度（关键词点击率和ROI）和店铺的客户信服力（跳失率、停留时间、DSR评分、评价）等几个方面息息相关。因此，除了转化率，客服服务能力、页面跳失率等数据都需要形成日常监测。

另外，随着商品运营阶段的变化，数据监控重点也会从流量转化数据变为客户复购裂变情况。

2. 竞争对手数据监控

我们通过对竞品的日成交笔数、变化动态，流量、转化率的分析，特别是对流量结构的分析，能清晰地看到竞争对手的运营手法与节奏。在生意参谋中为卖家提供了完整的竞争对手分析方案。

首先是最常见的竞店分析，图4-23中给出了多种维度选择竞争店铺的方式。点击流失店铺列表旁的趋势分析，可以将相应的店铺添加监控，并与其对比流量、交易指数等关键指标。在完成竞店分析后，可使用生意参谋中的"竞品分析"，监控竞品的流量、成交指数等数据。

另外，也可使用店侦探、店查查等浏览器插件进行竞品的监控，注意要先添加竞店后才可添加竞品监控。

3. 问题商品的处理

（1）问题商品的分类

① 高转化、低流量。

此类商品是具有爆款潜力的商品，想办法从站内、站外为它引流即可。

② 低转化、低流量

此类商品在店内一般用来引流，在此类商品的上面放关联商品，为UV价值高的商品引流。

③ 高流量、低转化

此类商品要重点关注，先看商品的供应链有没有问题，如果没有问题，就要优化商品描述；如果有问题，就把它作为引流款，为UV价值高的商品引流。

（2）如何寻找问题商品

① 人工整理分析

我们通过生意参谋将店铺商品一周的经营数据导出，分别将店铺商品按访客数量（流量）、支付买家数量降序排列，排名相差较大的就属于第3类问题商品。第1类、第2类问题商品这里不做重点解释。按流量排序在第5名的商品，支付买家数量在店铺商品排名中却在10名以外，这肯定是一个问题商品，如图4-24所示。

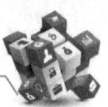

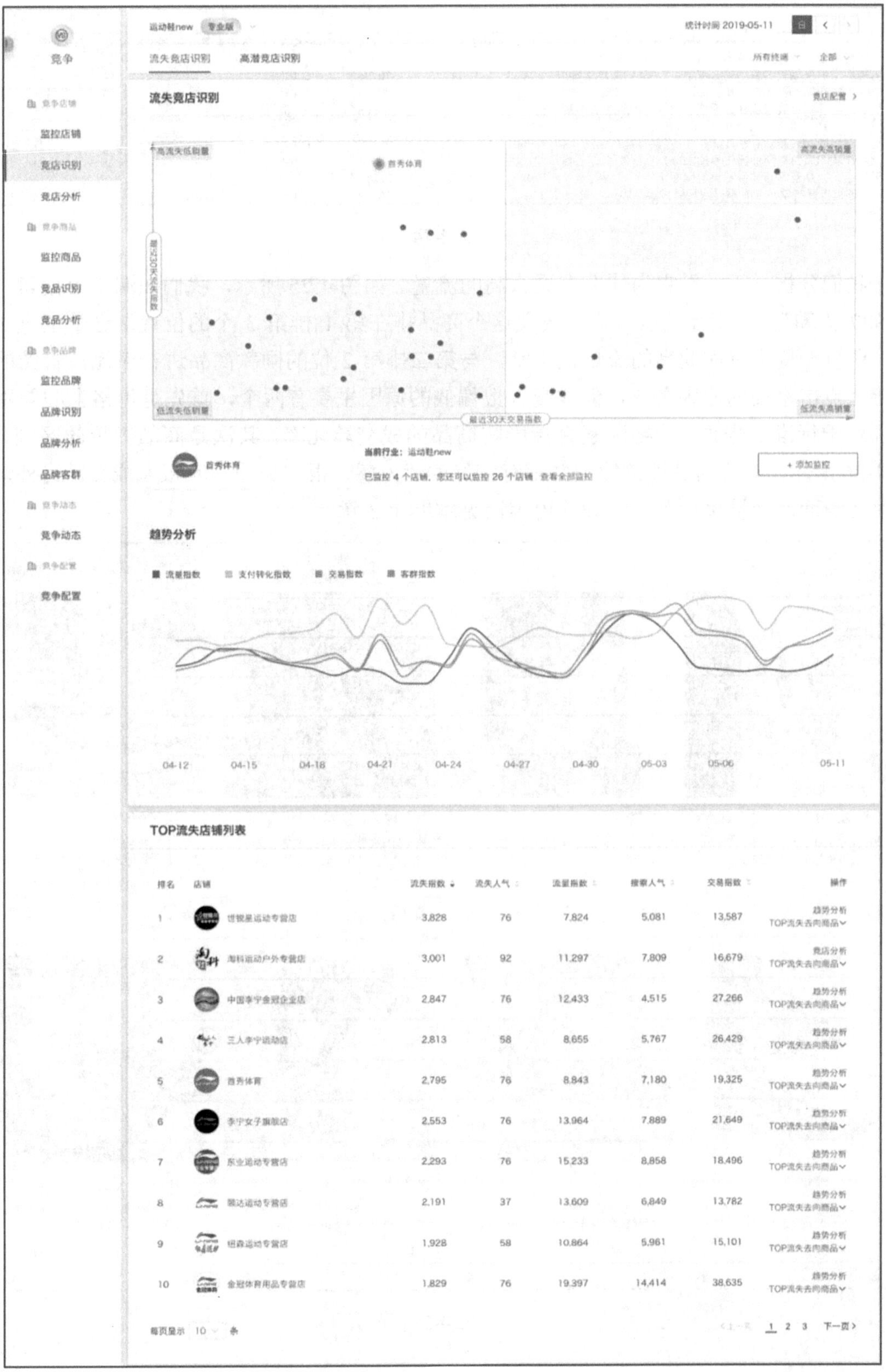

运动鞋new 专业版
统计时间 2019-05-11
竞争
竞争店铺
监控店铺
竞店识别
竞店分析
竞争商品
监控商品
竞品识别
竞品分析
竞争品牌
监控品牌
品牌识别
品牌分析
品牌客群
竞争动态
竞争动态
竞争配置
竞争配置
流失竞店识别
高潜竞店识别
所有终端
全部
流失竞店识别
竞店配置
高流失低销量
高流失高销量
低流失低销量
低流失高销量
最近30天流失指数
最近30天交易指数
首秀体育
当前行业：运动鞋new
已监控 4 个店铺，您还可以监控 26 个店铺 查看全部监控
+ 添加监控
趋势分析
流量指数
支付转化指数
交易指数
客群指数
04-12
04-15
04-18
04-21
04-24
04-27
04-30
05-03
05-06
05-11
TOP流失店铺列表
排名 店铺 流失指数 流失人气 流量指数 搜索人气 交易指数 操作
1 世锐星运动专营店 3,828 76 7,824 5,081 13,587 趋势分析 TOP流失去向商品
2 海科运动户外专营店 3,001 92 11,297 7,809 16,679 竞店分析 TOP流失去向商品
3 中国李宁金冠企业店 2,847 76 12,433 4,515 27,266 趋势分析 TOP流失去向商品
4 三人李宁运动店 2,813 58 8,655 5,767 26,429 趋势分析 TOP流失去向商品
5 首秀体育 2,795 76 8,843 7,180 19,325 趋势分析 TOP流失去向商品
6 李宁女子旗舰店 2,553 76 13,964 7,889 21,649 趋势分析 TOP流失去向商品
7 东业运动专营店 2,293 76 15,233 8,858 18,496 趋势分析 TOP流失去向商品
8 凯达运动专营店 2,191 37 13,609 6,849 13,782 趋势分析 TOP流失去向商品
9 纽森运动专营店 1,928 58 10,864 5,961 15,101 趋势分析 TOP流失去向商品
10 金冠体育用品专营店 1,829 76 19,397 14,414 38,635 趋势分析 TOP流失去向商品
每页显示 10 条
1 2 3 下一页

图 4-23

商品标题	访客数	平均停留时长	支付转化率	支付买家数	访客平均价值	收藏人数	客单价
李宁篮球鞋男鞋驭帅12代11魔术贴战靴10减震高帮运动鞋子ABAN049-	30205	33.8	0.04%	11	0.21	292	573.54
李宁男鞋迪士尼星战联名款韦德之道悟道2.0休闲篮球运动鞋AGWN039	19997	10.94	0.01%	2	0.06	118	614
李宁短袖t恤男潮流悟道纯棉限量版仙鹤女中国篮球2019宽松休闲衫夏	17851	29.96	1.61%	288	1.21	488	75.11
中国李宁运动套装男装双道杠春季篮球健身跑步服卫衣卫裤两件套男	4684	57.08	0.15%	7	0.43	46	284.84
李宁篮球鞋男鞋937新款灭霸减震高帮袜套透气战靴运动鞋子ABPP035	4219	11.44	0.02%	1	0.13	50	549
李宁男鞋跑步鞋2019新款春季Crazy Run轻便减震休闲运动鞋ARHP007	3415	38.79	0.44%	15	1.3	37	296.93
李宁女鞋新款v8旅游鞋网面透气春款bubble品牌夏季运动跑步鞋夏款	3101	39.6	1.90%	59	3.18	84	167.09
李宁男鞋春夏季新款慢跑旅游网面正品网鞋减震透气跑步鞋子	2872	30.12	2.16%	62	3.4	79	157.34
李宁男鞋跑步鞋新款正品春季慢跑旅游减震品牌运动鞋子ARBL071	2750	58.42	1.05%	29	1.77	6	168.28

图 4-24

我们分析一下，看它为什么有这么高的流量。如图4-25所示，我们在淘宝上搜索"李宁937灭霸"，即商品的核心词。发现这个商品排在第1排第3个的位置，这个位置非常好，所以一周内有如此高的流量很正常。与第二排第2位的同款商品进行对比，首图的高级感是点击率高的原因之一，但成交人数偏低的原因主要有两个，首先是价格上的差别，特别对于标准品来说，价格因素直接影响商品的成交转化率。其次是商品评价的区别，如图4-26所示，对比商品评价配图并都有较好的代入感，很容易使买家跟风成交。另外，转化率还与商品详情页相关，详细的内容请见本书第3章。

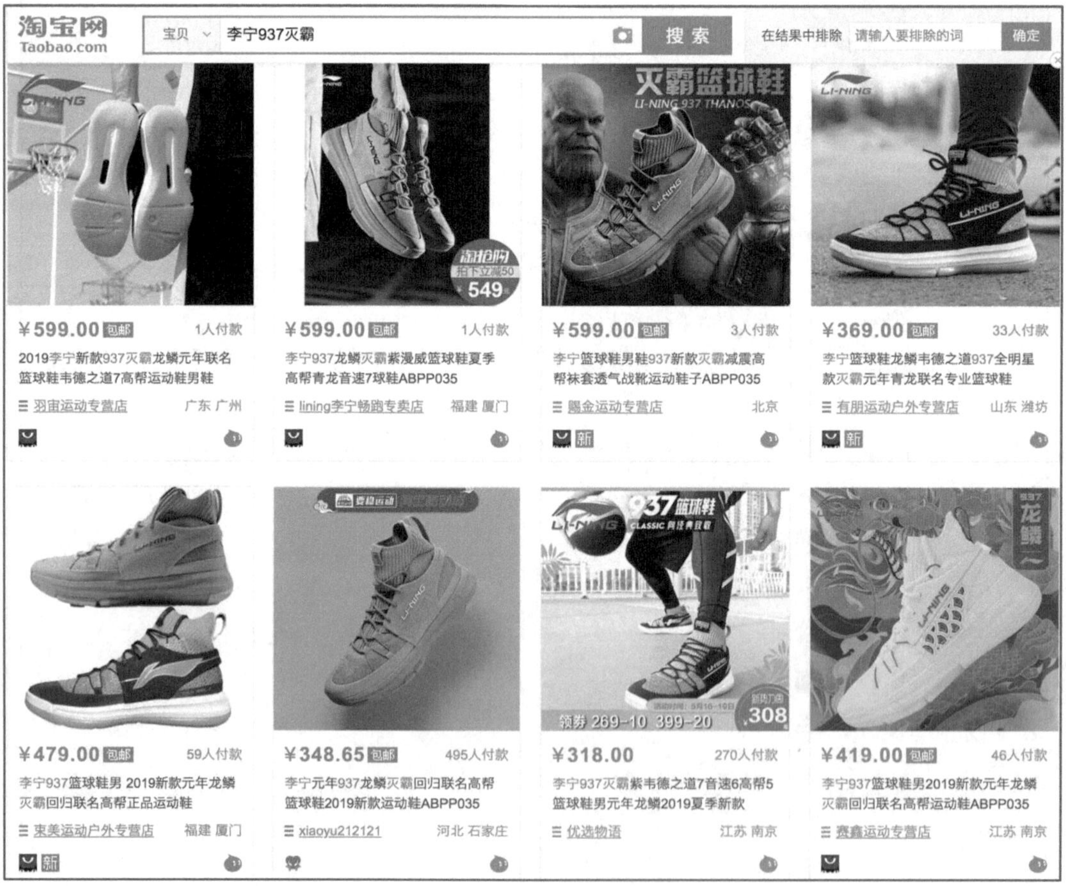

图 4-25

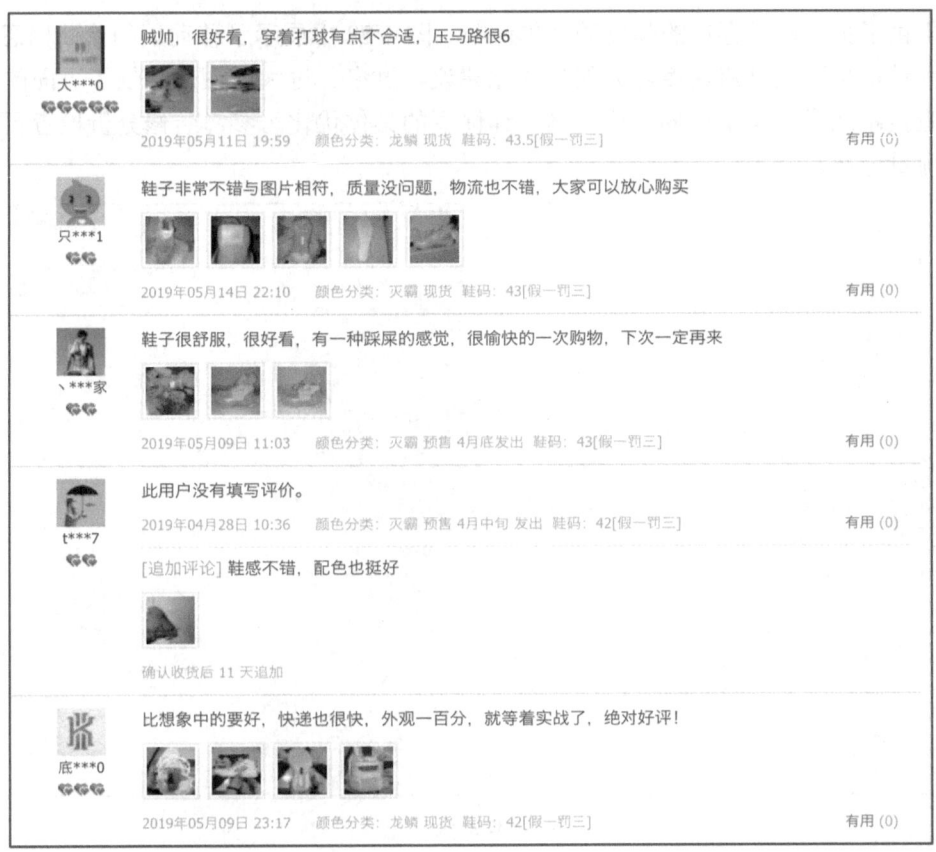

图 4-26

② 生意参谋提供的方案

打开生意参谋中的"商品分析",系统提供了异常商品列表,如图 4-27 所示,卖家应着重关注支付转化率低和高跳出率列表。卖家需要借助生意参谋分析买家流失的原因,如买家去哪里了,为什么会离开,他们最终买了哪些商品。

图 4-27

我们以"支付转化率低"列表中的第一个商品为例,从数据中可以看出该商品的访问流量很多,但买的人很少,买家流失非常严重,商品转化率很低。我们查看商品温度计,页面中提供了关于商品存在的问题的简单诊断。图 4-28 中展示了移动端的诊断信息，主要提供了移动端页面的开启速度等方面的优化建议，过多、过大的图片降低了页面的加载速度，也直接削弱了买家下单的欲望。商品详情页的具体优化可参考装修分析检查页面中各模块的流量分布。

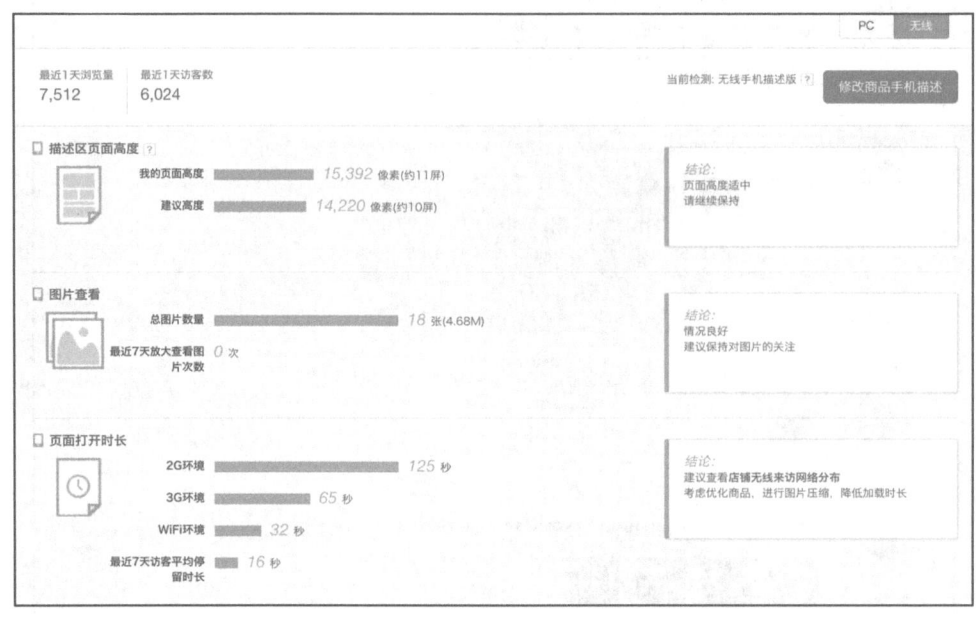

图 4-28

项目实训

✓ 一、实训目标

1．分析市场集中度。
2．掌握帕累托图的制作。

✓ 二、实训项目

分析市场集中度

1．分析工具：生意参谋—市场行情

2．实训项目指导

（1）在生意参谋中查看品类的销量排名

以下我们以运动鞋类目中的运动拖鞋子类目为例，打开生意参谋的市场页面，在市场排行中选择运动鞋类目中的运动拖鞋子类目,统计时间选择某月,对品牌按交易指数降序排行。如图4-29所示,我们可以看到,2019年1月销量排名靠前的品牌分别是耐克、阿迪达斯、安德玛等。

图4-29

(2)获得单个品牌的交易额

通过生意参谋指数转换工具,将交易指数转换为交易额。如图4-30所示,耐克的交易指数为272459,转换为实际交易额为2374750元。

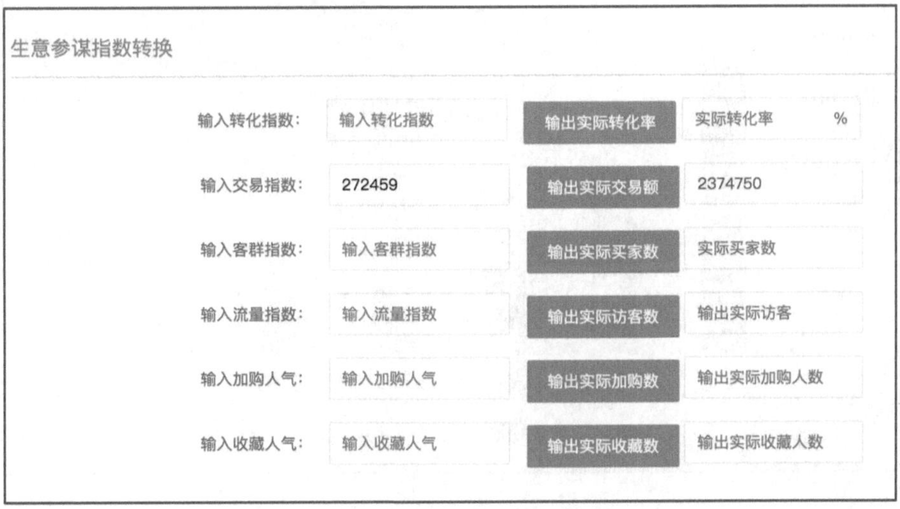

图4-30

（3）计算市场集中度

挑选若干个品牌，一一计算该类目的 TOP 6 品牌的交易额，如表 4-2 所示。

表 4-2　TOP 6 品牌交易额

序　号	品　牌	交　易　指　数	实际交易额（元）
1	耐克	272459	2374750
2	阿迪达斯	209316	1479710
3	安德玛	140850	728773
4	Jordan	120112	548686
5	彪马	116101	516496
6	李宁	102531	414070
	行业总和		6391167

（4）帕累托图的制作

制作帕累托图的主要步骤如下。

将数据复制到 Excel 中，添加累加占比列，如图 4-31 所示，即 TOP 6 品牌交易额品牌累加值与行业总和的比，累加占比列的 Excel 公式为 SUM（$B$2:B2）/$B$8。

插入组合图，其中，累加占比作为次坐标，如图 4-32 所示的帕累托图。

品牌	实际交易额（元）	累加占比
耐克	2374750	37.16%
阿迪达斯	1479710	60.31%
安德玛	728773	71.71%
Jordan	548686	80.30%
彪马	516496	88.38%
李宁	414070	94.86%
行业总和	6391167	

图 4-31

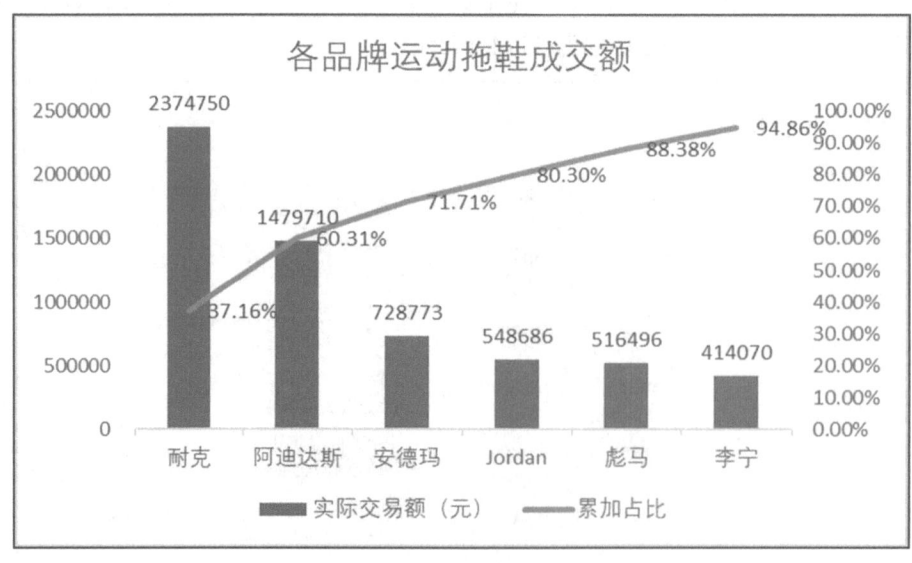

图 4-32

不难发现，在运动拖鞋行业中前3个品牌就占据了大部分的市场，运动拖鞋行业是块状同质化市场。

3．实训作业

根据提供的某行业数据源，制作帕累托图。
① 撰写实训报告。
② 小组PPT汇报。

数据源

课后习题

一、判断题

1．店铺成交额=访客数量×转化率×客单价×复购率（ ）
2．有效入店率=有效入店人数/访客数量（ ）
3．询单转化率=询单转化人数/有效入店人数（ ）
4．访客数量=有效入店人数+跳失人数（ ）
5．询单转化率一般低于静默转化率。（ ）
6．客单价=计算周期内支付金额 / 支付买家数量（ ）
7．只有互补的商品才能进行关联销售。（ ）
8．一个订单包含5件同SKU短袖，2条同SKU短裤，连带率为2。（ ）
9．我们只能通过旺旺的聊天记录推测买家不满意的地方。（ ）
10．拉新阶段的复购率比较高。（ ）

二、单选题

1．淘宝商家端统一数据平台是（ ）。
　A．生意参谋　　　　B．生意参考　　　　C．生意谋略　　　　D．数据参谋
2．访客数量的英文简称是（ ）。
　A．PV　　　　　　B．UV　　　　　　C．ROI　　　　　　D．CRM
3．以下选项哪个不是免费流量来源？（ ）
　A．商品问答　　　　B．直播　　　　　　C．微淘　　　　　　D．聚划算
4．以下选项哪个不是付费流量来源？（ ）
　A．直通车　　　　　B．猫客搜索　　　　C．智钻　　　　　　D．淘宝客
5．以下哪种集中度的市场对新卖家不友好？（ ）
　A．散点市场　　　　　　　　　　　　　　B．团状同质化市场
　C．块状同质化市场　　　　　　　　　　　D．团状异质化市场

6. 在买家人群画像中，通过什么可以了解到行业主要竞争价格带？（　　）
   A．买家支付偏好　　B．买家属性　　C．产品价格　　D．来访时段
7. 以下选项哪个不是自主访问流量来源？（　　）
   A．我的淘宝　　B．购物车　　C．直接访问　　D．手淘找相似
8. 以下付费方式中按成就收费的是（　　）。
   A．直通车　　B．智钻　　C．聚划算　　D．淘宝客
9. 一个订单包含 3 件同 SKU 短袖，1 条同 SKU 短裤，人均支付件数为（　　）。
   A．1　　B．2　　C．3　　D．4
10. 以下哪种不是问题商品？（　　）
    A．高转化、低流量
    B．低转化、低流量
    C．高流量、低转化
    D．高流量、高转化

三、多选题

1. 市场集中度的类型包括（　　）。
   A．散点市场　　　　　　　　B．团状同质化市场
   C．块状同质化市场　　　　　D．团状异质化市场
2. 根据市场的发展阶段，可以将行业长期的生命周期分为哪几个阶段？（　　）
   A．导入期　　B．成长期　　C．成熟期　　D．衰退期
3. 买家人群画像主要有哪几个方面？（　　）
   A．买家支付偏好　　B．买家属性　　C．产品价格　　D．来访时段
4. 客单价由哪几个要素决定？（　　）
   A．日均客单价　　B．时长　　C．购买频次　　D．日均客单件
5. 动态评分包括哪些维度？（　　）
   A．商品　　B．物流　　C．售后　　D．纠纷
6. 行业数据主要包括哪几个维度？（　　）
   A．市场容量　　B．市场生命周期　　C．市场集中度　　D．消费者结构
7. 平台大促有哪些？（　　）
   A．春节　　B．双 11　　C．双 12　　D．9.9 大促
8. 买家人群画像中的买家属性包括（　　）。
   A．年龄　　B．性别　　C．城市分布　　D．职业
9. 一般我们从哪些指标来诊断一个店铺的健康度？（　　）
   A．访客数量　　B．客单价　　C．复购率　　D．DSR
10. 以下哪些是站外流量？（　　）
    A．搜索引擎　　B．门户网站　　C．微博　　D．淘宝直播

四、思考题

1．PV、UV、转化率、客单价、复购率的概念？
2．店铺成交额公式是什么？
3．行业数据分析的意义及要点有哪些？
4．店铺数据分析的意义及要点有哪些？
5．在店铺经营的不同阶段，主要考虑的数据指标有哪些？

第 5 章

网店推广

知识目标：

- 掌握站内搜索流量的运营方法。
- 掌握站内付费流量的运营方法。
- 掌握官方活动推广的运营方法。
- 掌握站外流量的运用方法。

能力目标：

- 增强学生获取免费流量的能力。
- 增强学生付费流量运营的能力。
- 增强学生站内、站外引流的能力。

素质目标：

- 培养学生实事求是、脚踏实地的精神。
- 培育学生与时俱进、开拓创新的精神。

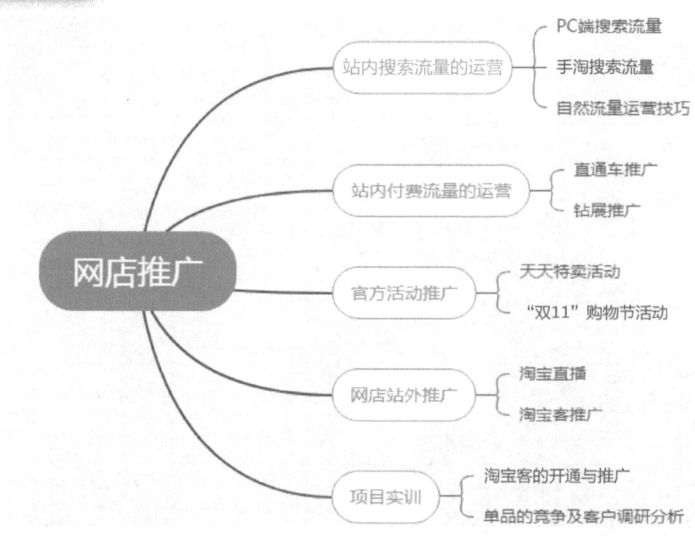

南风歌案例

第一节　站内搜索流量运营

一、PC 端搜索流量

1. 淘宝搜索流量的来源

作为一个淘宝卖家，我们首先需要知道流量的来源。如图 5-1 所示的流量形成与价值产生的过程，对于一个商品的流量来说，第一，要有人搜索这个商品；第二，淘宝在筛选的过程中可以筛选到这个商品；第三，在筛选的过程中，商品能有一个好的位置排名；第四，商品所在的位置要让买家看到；第五，商品被看到之后，买家会点击该商品，到了这一步，我们就已经得到了一定的流量；第六，买家浏览商品详情；第七，订单生成。通过这七个步骤，可以看到完整的流量形成和价值产生的过程。

淘宝免费流量

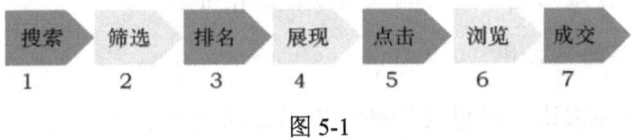

图 5-1

接下来，如果我们发现商品没有流量，就应该顺着这些步骤去检查是哪一环节没有做好。我们要想的问题是商品有没有得到展现，商品的排名是否出现了问题，搜索的人群是否符合商品的用户特征等。只有相关人员了解了流量形成的过程，才能有针对性地解决问题。

2. PC 端综合排序影响因素

在 PC 端综合排序中影响最大的就是我们经常所说的四大权重，如图 5-2 所示，四大权重指的是店铺权重、单品权重、品牌权重、服务权重。四大权重决定了商品的排名是否靠前。

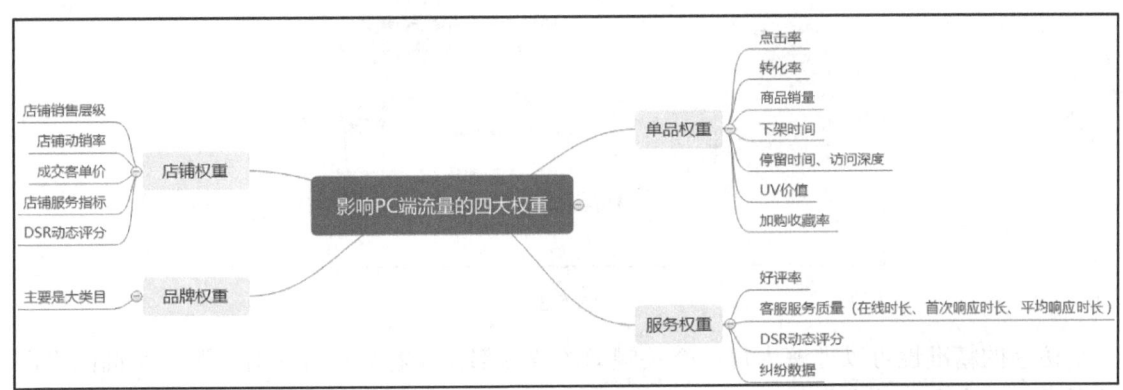

图 5-2

对于新店铺的新品来说，可以优化的权重主要是指单品权重。单品权重最重要的三个指标就是点击率、转化率和单品的销量。如果说一个单品的点击率比较高，证明它有一定的引流能力，买家应该比较喜欢这个单品；同时如果转化率也非常高，就证明这个单品能够满足买家的某些需求；而单品的销量高，则证明单品更加有人气。

商品的下架时间也影响着商品的综合排名，淘宝的规则是商品在离下架时间越近的时候，排名越靠前，所以卖家要尽量抢到商品邻近下架时间段内的流量。访客的停留时间和访问深度也是影响商品综合排名的因素，实际上如果点击率、转化率都比较好的话，访客的停留时间和访问深度也不会差。

接下来什么是 UV（Unique Visitor）价值呢？UV 价值指的是一个访客能够带来的销售额。例如，我们一个单品每天的流量是 100 个访客，这个单品每天的销售额是 5000 元，用 5000 元除以 100 个访客，也就是说一个访客能够创造 50 元的销售额，那么 UV 价值就是 50 元。淘宝会将有限的流量分配给那些能够创造更多销售额的单品。

在移动端时代，还有两个重要的指标，就是加购率和收藏率，在 PC 端中买家可以同时打开多个商品的页面进行浏览，可以货比三家，而在移动端中，买家不能同时浏览多个商品所以买家只能在浏览了某个商品之后，将其加入收藏或者加入购物车，然后浏览下一个商品，最后在收藏夹里或者购物车里进行比较，做出购买决策。所以随着移动端用户的增多，淘宝把加购率和收藏率也作为影响人气权重的指标之一。

3. 如何提高商品的点击率

对于新上架的商品来说，最重要的是要提高商品的点击率。淘宝实际上是通过点击率来判断这个商品是不是一个具有潜力的商品。买家搜索商品后，会点击自己喜欢的商品，进一步浏览。那些不被买家点击的商品，实际上是在浪费淘宝的展示位置。所以提高商品的点击率，意味着淘宝会给予商品更多的展示机会。

影响点击率的因素有哪些？点击率有三个主要的影响因素：第一个是商品的竞争力，如果一个商品的竞争力比较强，那么这个商品本身就具有引流的能力，其点击率自然也会很高；第二个是访客的精准性；第三个是主图呈现的购买理由，如图 5-3 所示。一张非常吸引人的、卖点突出的主图设计，自然也能提高商品的点击率。

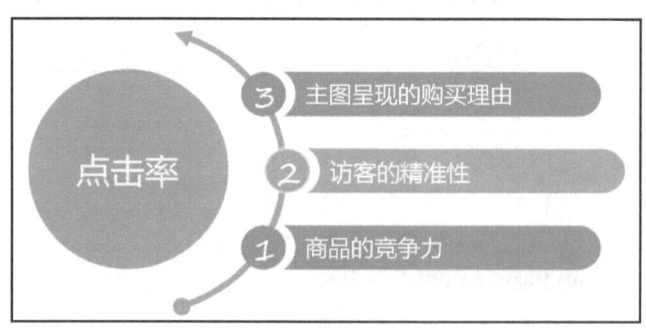

图 5-3

访客的精准性可以理解为每一个关键词的背后都代表着某一群人对于某一个商品不同的需求，如大家都搜索中长款连衣裙，有的人想买雪纺连衣裙，有的人想买旗袍，有的人是奔着蕾丝连衣裙去的,还有人想买孕妇连衣裙、吊带连衣裙等,如图 5-4 所示。

图 5-4

每个人的需求是不同的,所以卖家要想提高商品的点击率就要找准与商品相匹配的关键词。也就是说,标题里面的关键词必须全部都是能够准确描述商品的。如果这些关键词不能很好地描述商品,那么带来的访客就将是不精准的。例如,商品是"旗袍连衣裙",假如用了"雪纺连衣裙中长款"这个关键词,那么其引来的流量肯定是不精准的,因为商品满足不了通过搜索雪纺连衣裙进来的这一群人的需求。事实上,流量不精准会影响各个方面的数据,如果每天有 1000 个不精准的买家来到店里,那么店铺商品的点击率、加购收藏率、转化率等指标都会有所下降。所以提高流量的精准性,核心是找到与商品精准匹配的长尾关键词,然后想办法提高这些关键词的权重,只有这样才能获得更多精准的流量。

总结一下,怎样提升新店铺中新品的搜索流量呢?

首先要选择有竞争力的商品,其次是设计吸引人的商品主图,再次是找到与商品精准匹配的关键词作为标题,最后是选择好商品下架的时间,从 PC 端和移动端同步提高商品的单品权重。

二、手淘搜索流量

1. 手淘搜索流量的特点

随着手机用户越来越多,淘宝移动端搜索流量占了淘宝总搜索流量 95% 左右,也就是说,目前淘宝搜索,重点在于移动端。因此,如果想要提高淘宝的搜索流量,卖家大部分的精力都应该投入到运营移动端的流量运营方面。

移动端的最大特点就是它的展示位置非常少。例如,如图 5-5 所示的淘宝移动端截图,搜索"电脑包男士双肩"这个关键词,搜索之后,在第一屏中,我们能看到的其实只有四个商品,也就是说在移动端,每一屏的展示位置其实只有 4~5 个,而买家在逛手机淘宝的时候,基本上都是利用一些琐碎的时间,没有那么多耐心去搜索一个关键词或者滑动很多屏去找其想要的商品。

淘宝有一个数据,大约 95% 的买家在购物的时候,只会看搜索结果页的前五屏,也就是说,如果商品不在搜索结果页的前五屏中进行展现,是不可能获得很多流量的。

2. 手淘搜索的人气权重

影响手淘搜索人气权重的因素主要包括商品主图点击率及买家点击主图之后的反馈,商品加购收藏率及买家加购收藏之后的反馈,还有转化率,商品销量和商品评价,如

图 5-6 所示。

图 5-5

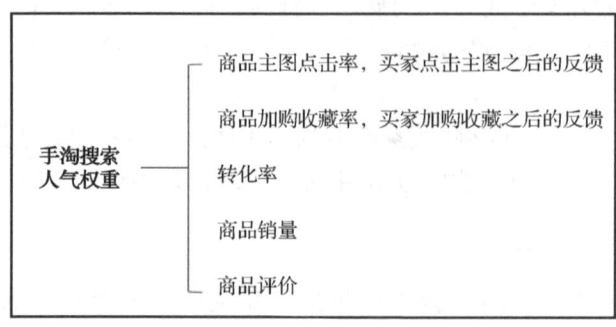

图 5-6

买家点击主图之后的反馈是指：买家点击商品主图后，有没有认真地看商品详情，有没有浏览其他的商品，有没有领取优惠券，有没有咨询客服等。加购收藏后的反馈指的是有没有转化。所以说，反馈是非常重要的，反馈数据也说明了买家对商品的喜爱。

刚刚前面讲移动端搜索是建立在 PC 端搜索基础之上的，所以 PC 端搜索的这些权重，商家在移动端搜索中也是需要重视的，如店铺权重和服务权重，移动端和 PC 端是类似的。不同的是，在单品权重方面，移动端更加重视人气权重，我们甚至可以把商品移动端的综合排序约等于商品 14 天的人气权重。

3. 搜索的个性化特征

个性化搜索是淘宝根据买家的历史购物行为记录，形成的买家的购物偏好，在买家搜索商品的过程中融入用户的个性化偏好信息，将符合其偏好的商品、店铺优先展示。

随着淘宝平台流量增速放缓，平台流量需要精细化利用。同时，只有做好个性化，才能让买家买到自己喜欢的商品。对于买家来说，个性化搜索体现在很多方面。例如，不同的买家搜索相同的关键词，展示的结果是千人千面的。

个性化导致流量渠道越来越碎片化，对于小卖家来说，机会越多。面对个性化，卖家必须先充分地分析市场，找准自己的定位，服务好自己的客户。

三、自然流量运营技巧

1. 商品标题的相关性

淘宝买家是通过搜索词来找商品的，但是买家基本上不会去看商品的标题。标题主要是供搜索引擎识别商品的。标题能被搜索到，同时又有一定的精准性，则容易形成交易，从而形成成交转化的良性循环。做标题优化，必须了解标题和商品关键属性的相关性。

当我们搜索一个商品的时候，只有当关键词包含在商品标题和商品关键属性中时，相应的商品才会在自然搜索结果中出现。如图 5-7 所示，搜索关键词"衬衫 男 商务 休闲"，出现在自然排名中的商品，其标题中多数都含有这几个词，标题中只包含"衬衫 男"的商品也会出现，原因是在其关键属性中有"商务 休闲"。

2. 正确处理 PC 端与手淘的关系

从淘宝平台角度来讲，淘宝平台中的流量虽然是很大的，但是它也是有限的。淘宝希望将有限的展现机会分配给那些能够帮它创造更高销售额的商品。只有这样，才能让有限的流量获得更大的价值。

从商品的角度来看这个问题，作为一个老的商品，淘宝可以根据以往的商品数据来判断，到底该给这个老的产品多少展现机会，也能预估这个商品能够创造多少的销售额。但是一个新的商品是没有历史数据的，作为淘宝平台，该怎样判断这个新品到底有没有潜力呢？对平台来说，它需要一个测试机制。同时，因为手机淘宝的展示位非常少，手机淘宝的前几屏展示位都是寸土寸金的，因此淘宝是不会浪费这样的展示位来测试新品的。所以在移动端的时代，淘宝为了降低测试新品的成本，必须用 PC 端更多的展示位来测试新品，来判断新品到底有没有潜力。如果这个新品有潜力，淘宝再把手淘的展现机会一点一点地分配给这个新品，进行手淘测试。

因此，在实际运营中，我们不能放弃 PC 端的数据，因为系统会根据商品 PC 端数据，来判断给予其多少移动端的展现机会。

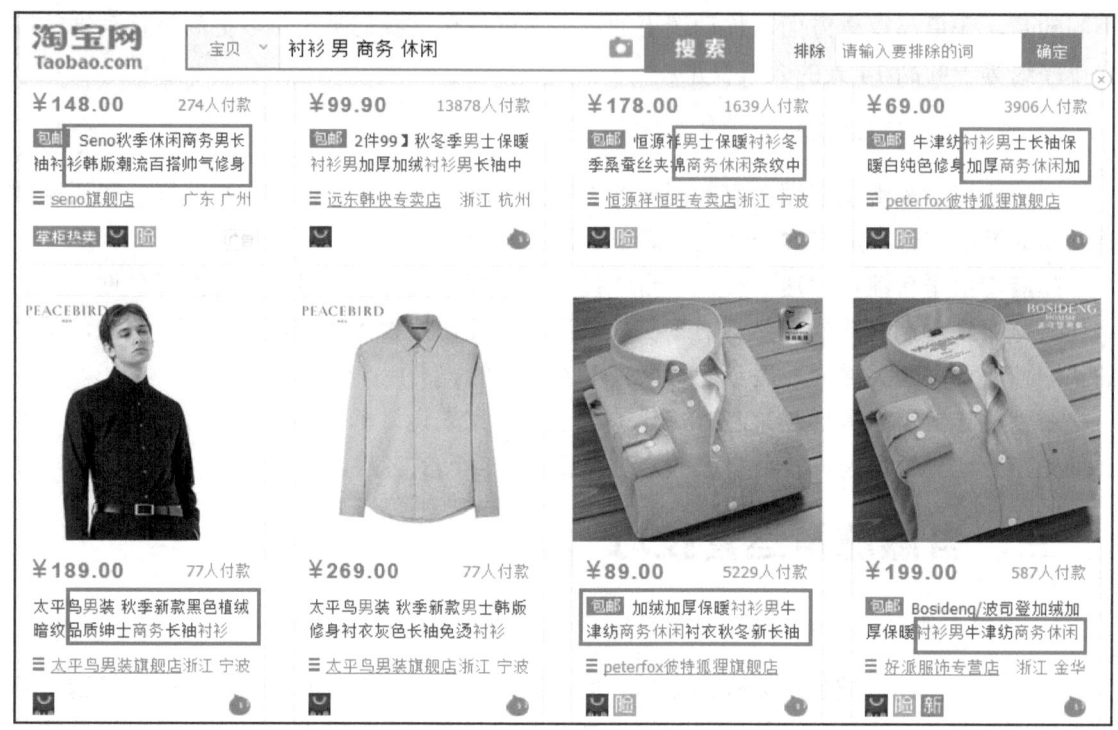

图 5-7

3. 合理设置商品上架和下架的时间

淘宝商品上架和下架时间的设置不仅是影响商品搜索排名的因素之一，更可免费实现店铺流量及成交率增长。我们先看淘宝商品下架时间，图 5-8 是通过第三方工具（如看店宝插件）在淘宝搜索关键词"连衣裙秋装 2018 新款女"的第一页的综合排名情况。我们不难发现，搜索结果页第一页的三个商品都是靠近下架时间的。

淘宝平台为了保证新老卖家公平竞争，引入了 7 天一个周期的商品上下架机制。为了鼓励卖家上架新品，提高新品的排名，将商品距离下架剩余时间的多少也作为影响淘宝搜索排名结果的因素之一，商品距离下架的时间越近，其获得的权重就越高，就越有机会提高排名。

合理安排商品上架和下架时间，对全店商品上架时间和下架时间的合理布局都是商品上架时间和下架时间的优化重点。选择了商品的下架时间，卖家就需要在其选择的那个时间段里避免对手竞争，争取这个时间段的展现机会，让淘宝发现这里有一个反馈（点击、收藏、加购、成交）很不错的商品，当商品的正面反馈越多，淘宝就会给予商品越多的展现机会，这就是为什么卖家要合理安排商品上架时间和下架的时间的原因。

第 5 章 网店推广

图 5-8

合理安排商品上架时间和下架时间的做法有三种：一是安排在行业流量高峰的时间段，搜索的人多就会有更多的展现机会；二是平均分配全店商品的上架时间和下架时间，让每个时间段都有自家店铺的商品上架和下架；三是安排在流量低峰、没有很强的竞争对手的时间段。

第二节　站内付费流量的运营

一、直通车推广

1. 直通车的概念

淘宝直通车是淘宝为卖家量身定制的，按点击量付费，实现商品精准推广的营销工具。淘宝直通车推广，在给商品带来曝光的同时，精准的搜索匹配也给商品带来了精准的潜在买家。做好淘宝直通车推广，让买家进入店铺，产生一次甚至多次的店铺内跳转流量，这种以点带面的关联效应可以降低整体的推广成本并提高全店的关联营销效果。如图 5-9 和图 5-10 所示，在淘宝首页，搜索某个关键词的时候出现的右边栏及最下面一排的展示位，都是直通车的展示位。

淘宝付费流量

2. 直通车选品

直通车是一个好的推广工具，那卖家应该选择什么样的商品进行直通车推广呢？

首先我们需要明白的是，直通车推广改变的仅仅是商品的展示位置，把原本不展示或者排名靠后的商品，展示在了前面的位置。但这并不会提升商品的转化率。如图 5-11 所示，我们现在看到的三款门锁,在有对比的情况下,基本上所有人都会选择第一款或者第二款,很少会考虑到第三款。第三款原本是放在搜索结果页中第三页的某个位置,在其自身转化率没有达到优秀之前,卖家把它放到了与前两名一样的位置。位置的提前将这款商品暴露在更加强劲的竞争对手面前,反而不会提升其转化率。如果把这样的一个商品用直通车去推广,得出来的数据表现会非常差。所以在进行直通车推广之前,对商品转化率的验证是必要的,卖家需要查看商品的转化率是否达到了行业平均的转化率,这个数据可以在生意参谋里查看。反过来,也就是说商品转化率要达到甚至超过行业的平均转化率,卖家才可以将它作为直通车推广的备选商品。

图 5-9

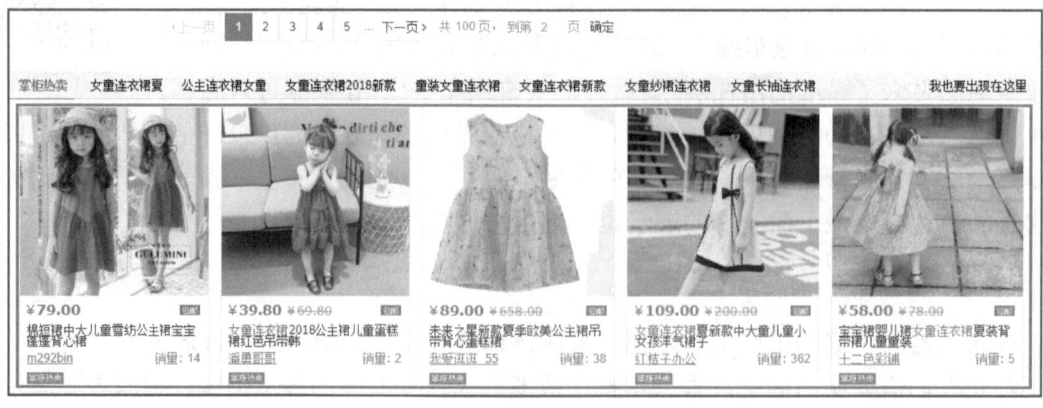

图 5-10

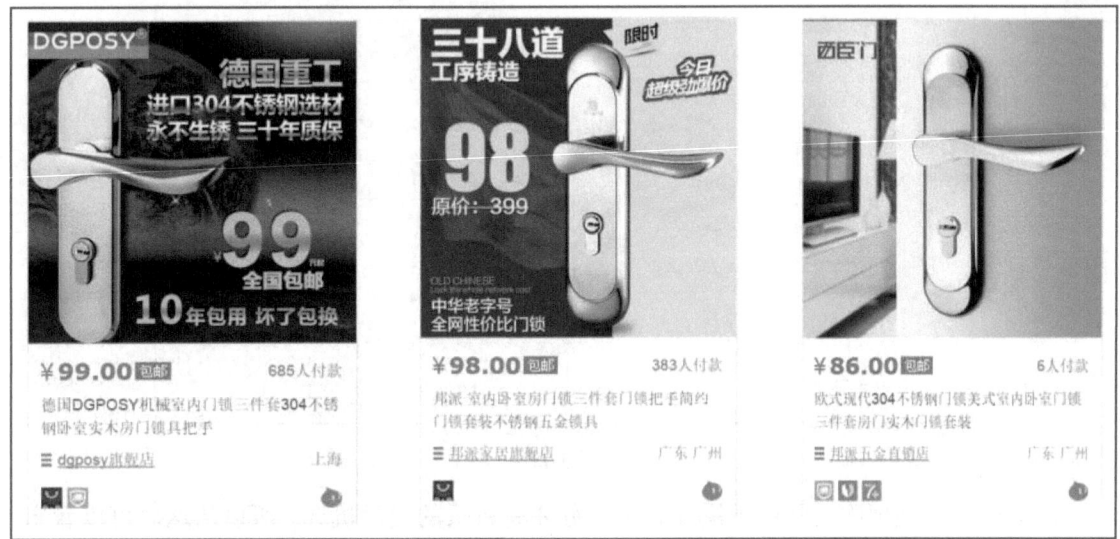

图 5-11

3. 直通车选词

选择好商品之后,直通车后台会提示卖家选择关键词,并且会推荐很多关键词,那么选择什么样的关键词最合适呢?

需要记住一点,直通车投放关键词的意义在于人群的匹配度。在选择关键词的时候,我们会发现有很多相似的关键词,但它们呈现的数据是不一样的。举个例子,"香水持久男"和"香水男淡香",这两个关键词该如何选择?通过字面意思来看,"香水持久男",男人想买一瓶香水,他希望香气的持久度非常好;"香水男淡香",就是一个男人想买一瓶香水,他希望这瓶香水能带淡香的味道。这两个关键词代表了不同的消费群体。所以卖家在选择关键词的时候,应该以人群的匹配为导向,而不是以数据的呈现为导向。接下来,我们可以从系统推荐的关键词中,根据人群的匹配度来选择我们需要的关键词。选择好以后,再用质量得分来筛选关键词。我们把质量得分在 7 分以下的关键词都删除。因为在淘宝的相关规则中,质量得分在 1~5 的关键词是没有展示机会的;6 分的关键词有机会展示,而质量得分在 7~10 分的关键词才能有首页的展示机会。总的来说,选择关键词的标准有两条,一是人群匹配度,第二是关键词质量得分大于 7 分。

4. 质量得分的概念

质量得分是系统估算的一种相对值,用于衡量"关键词"与"商品信息"和"用户搜索意向"三者之间的相关性。质量得分分为计算机质量分和移动质量分,如图 5-12 所示。

质量得分决定了投放关键词的排名,投放关键词的扣费,以及投放关键词的展现。

关键词的排名=关键词的质量得分×关键词的出价

关键词的扣费=下一位的出价×下一位的质量得分÷你的质量得分+0.01

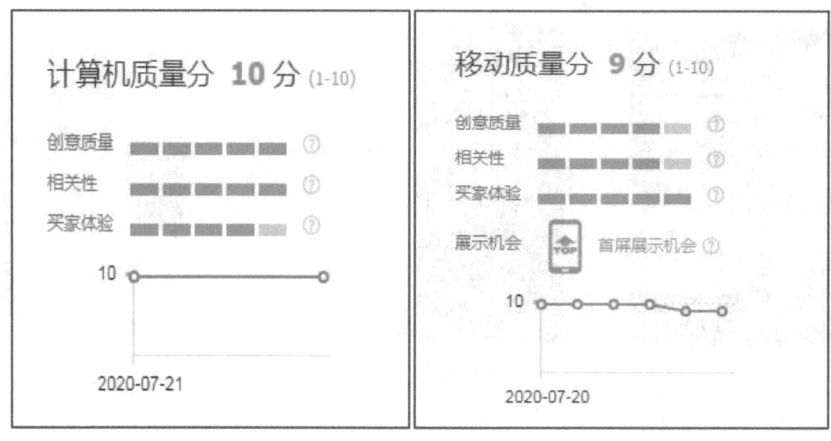

图 5-12

那关键词的展现呢，只有质量分大于 7 分才有首页的展示机会。所以从这里可以看出，一个高质量得分的关键词，才是我们需要的关键词。影响质量得分的因素有哪些呢？从图 5-12 中可以看出有 3 个，第一是创意质量，第二是相关度，第三是买家体验。这里需要强调的是创意质量是最重要的因素，而创意质量的背后，就是选择推广创意图片的点击率。我们可以选择一张优秀的、点击率高的创意图片作为直通车投放的图片。另外对于出价，建议关键词的出价设置在市场平均价格左右。一般，初始的设置价格会略高于市场平均的价格，后续的价格可以根据实时的排名和自己的预算来调整出价。根据出价，直通车后台可以计算出预估的排名及预估的展现量。

5. 推广计划的设置

设置好关键词以后，卖家还需要对商品所在的推广计划做一个设置。这里主要包括设置日限额、投放平台、投放时间及投放地域，如图 5-13 所示。

图 5-13

首先设置日限额来控制预算，预算计划的设置可以分为标准推广和智能化均匀投放。其中，智能化均匀投放是指系统会根据淘宝流量在一天内的变化规律来智能地安排什么时段进行投放。其次是设置投放平台，建议可以用一个推广计划对应一个平台，这样设置，后期的数据分析会更有针对性。再次是设置投放时间，初期可以采用行业模板进行设置，后续可以根据数据表现情况进行微调。最后是划定投放地域，一般我们需要把港澳台去除，另外，如果是季节性产品，需要选择应季的地域进行投放。设置完这些后，整个推广计划就设置完成了，可以进行投放了。

二、钻石展位推广

钻石展位是面向全网精准流量实时竞价的展示推广平台，支持按展现位置收费和按点击量收费，以精准定向为核心，为卖家提供精准定向、创意策略、效果监测、数据分析等一站式全网推广投放解决方案，帮助卖家实现更高效、更精准的全网营销。

1. 钻石展位的展示位

钻石展位为卖家提供超 200 多个淘宝网内最优质的展示位置，包括淘宝首页、详情页频道页、门户、帮派、画报等多个淘宝站内广告位，每天拥有超过 8 亿次的展现量，还可以帮助卖家把广告投向站外，涵盖大型门户、垂直媒体、视频网站、搜索引擎、中小媒体等各类展位，如图 5-14 所示，其中"网上购物"为淘宝站内的资源位，其他为全网资源。

图 5-14

钻石展位提供两种推广形式："为店铺引流"和"为宝贝引流"，如图 5-15 所示。

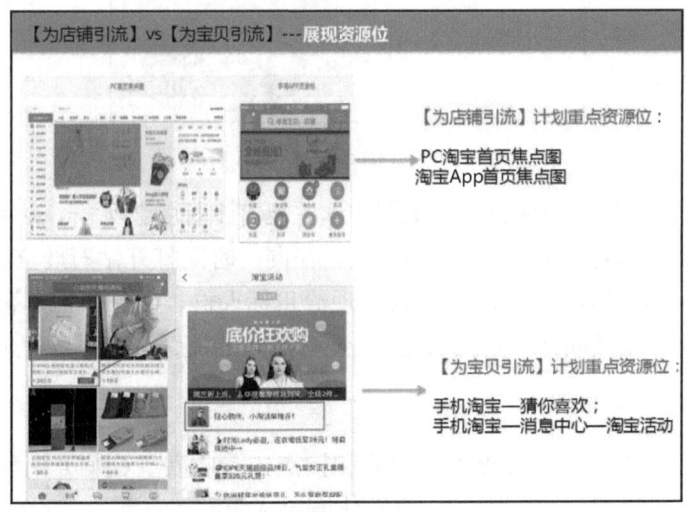

图 5-15

2. 钻石展位的展现逻辑

钻石展位按照出价高低进行商品展现。系统将各时间段的出价，按照竞价高低进行排名，价高者优先展现，出价最高的预算消耗完之后，轮到下一位，以此类推，直到该时段内的流量全部消耗，排在后面的商品无法展现。卖家能获得的总流量=总预算／CPM千次展现单价×1000，在同样的预算下，千次展现单价越高，获得的流量反而越少，因此我们需要在保证商品能展现的基础上，合理竞价，如图5-16所示。

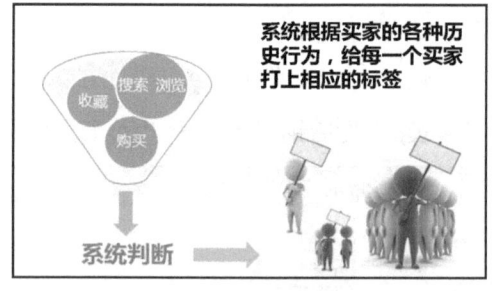

图 5-16

3. 钻石展位的定向原理

如图5-17所示，钻石展位的定向原理是每个访问淘宝的访客，都会有搜索、浏览、收藏、购买等各种行为，系统会根据这些行为给访客打上各种标签。例如，一个人在淘宝上经常购买美白面膜，那么在她的身上就会带上"美白面膜""女性"等标签。

图 5-17

在设置定向时，通过钻石展位系统来圈定这些已打上标签的人群，从而实现只把广告创意展现给某部分买家。因此每个行为不同的人，在同一时间打开钻石展位的广告位，看到的广告都是不一样的。通过合理定向，把广告展现给目标人群，获得精准流量和好的广告效果。

通过定向获取的流量叫作"定向流量"，没有定向的流量，在系统里叫作"通投流量"。

4. 钻石展位的扣费原理

钻石展位支持按展现位置收费（CPM）和按点击量收费（CPC）两种扣费模式。

（1）按展现位置收费（CPM）——精准化圈定人群

按照CPM竞价收费，即按照每千次展现收费，点击量不收费。按照竞价高低进行排序，价高者优先展现。例如，你出价 6 元，那么你的广告被人看 1000 次收取 6 元。

钻石展位系统会自动统计展现次数，并在钻石展位后台报表中给予反馈，不满 1000 次的展现，系统自动折算收费。实际扣费等于按照下一名 CPM 结算价格+0.1 元。

（2）按点击量收费（CPC）

按照 CPC 竞价收费，即展现免费，点击收费。在点击付费投放模式下将"点击出价"折算成"千次展现的价格"。

折算后的 CPM 出价与其他商家进行竞争，价格高的优先展示。其计算公式为：

$$CPM=CPC×CTR×1000$$

CPC 是卖家在后台的设置出价，系统会参考商品的历史 CTR（点击通过率）来计算、预估 CTR。如果商品是新上传的，没有历史 CTR，系统则会先参考同行在相同定向、相同资源位上的平均 CTR 作为初始 CTR；在投放过程中，用最新的 CTR 来修正预估 CTR。

第三节　官方活动推广

淘宝网为卖家提供了大量的官方活动，而且大多数的官方活动资源是免费的。如图 5-18 所示的 2021 年淘宝天猫活动时间表，从 1 月到 12 月，每个月都有盛大的主题活动。

一月淘宝活动 天猫年货节 活动时间 2021(1.20-1.25) 一月	二月淘宝活动 油漆涂装节 活动时间 2021(2.1-2.28) 二月	三月淘宝活动 三八女王节 活动时间 2021(3.1-3.31) 三月	四月淘宝活动 宝宝出行节 活动时间 2021(4.1-4.30) 四月
五月淘宝活动 55吾折天盛典 活动时间 2021(4.27-5.7) 五月	六月淘宝活动 618年中大促（理想生活节） 活动时间 2021(6.1-6.30) 六月	七月淘宝活动 淘宝造物节 活动时间 2021(7.1-7.31) 七月	八月淘宝活动 阿里88会员节 活动时间 2021(8.6-8.8) 八月
九月淘宝活动 99划算节 活动时间 2021(9.5-9.10) 九月	十月淘宝活动 10月国庆大惠战 活动时间 2021(10.1-10.31) 十月	十一月淘宝活动 2021(11.1-11.3) 双11抢先购 2021(11.11-11.11) 双11	十二月淘宝活动 淘宝双12活动 活动时间 2021(12.10-12.12) 十二月

图 5-18

官方活动可以分为三大块，分别是平台活动、渠道活动和类目活动。活动的目标一般包括完成销售额、磨炼团队、激活沉睡客户、获取新客户、销售库存、打造爆款、增加品牌曝光度等。根据目标的不同，运营团队会选择不同的活动，并进行活动的策划、报名、执行和总结。

淘宝平台活动除了"双11"购物狂欢节，还包括其他多个促销活动，如情人节、38女神节、6月年中大促、开学季、中秋节、元旦、圣诞、腊八年货节等。

渠道活动主要包括天天特卖、聚划算、淘金币、淘抢购、有好货、每日首发、清仓特卖等。

类目活动主要包括类目频道和类目主题活动。每个一级类目都有属于自己的类目频道，频道内会有固定的频道活动及不定期的主题活动，后者通常需要卖家提前与类目客服沟通，才能提前了解。

一、天天特卖活动

1. 天天特卖活动的报名条件

淘宝活动推广

天天特卖是阿里巴巴唯一免费扶持中小卖家成长的平台。目前天天特卖活动商品在天天特卖的成交数据也将计入搜索排序中。淘宝平台是如何给予天天特卖这个活动资源的呢？首先在PC端的首页，淘宝首页的实惠专业户，如图5-19所示，里面第一个位置就给天天特卖。同时在手淘的首页，如图5-20所示，也可以找到天天特卖。报名天天特卖的店铺要满足三个条件：开店90天以上、动态评分大于4.6分、信用一钻以上。参与天天特卖活动的商品要符合一个条件，就是近30天的历史销售记录要在5件及以上。我们可以看出，天天特卖的报名条件还是比较低的。

图5-19

2. 如何选择报名的商品

从品类的角度来说，一般来说越大众的商品越热销。同一个品类里面，在选择商品的时候，尽量选择用户接受度大的商品。从平台的角度来说，在选择商品的时候，主要看三个方面：第一，商品是否是天天特卖用户喜欢的商品；第二，商品的销量是否足够高；第三，报名价格是否足够低，与同类商品相比，该商品是否有竞争力。商品的报名价格是能否吸引买家的关键。天天特卖的受众是一群对价格比较敏感的买家,所以价格是否够低,是决定商品是否能参加天天特卖活动,以及报名后,活动的效果是否够好的一个关键因素。

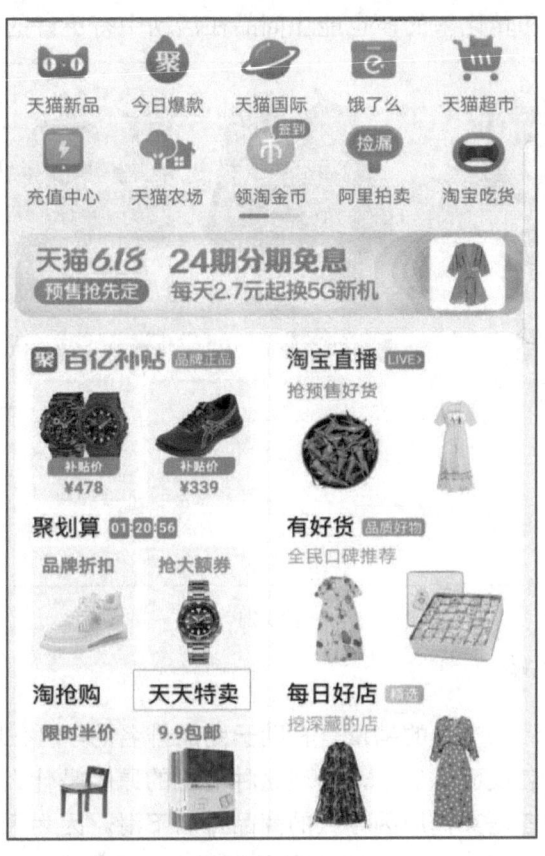

图 5-20

3. 活动商品的定价

应该选择什么样的价格来报名天天特卖活动呢?

在考虑这个问题之前,卖家要弄明白一件事,就是上天天特卖活动的目的是什么。可能有人会说,是为了赚钱,如这个商品成本价是 15 元,再加邮费和一些利润,就用 25 元的价格报名天天特卖活动,这样的价格能参加天天特卖活动吗?我们可以仔细看一下天天特卖的活动商品,大部分商品的价格都定得非常低,甚至有些商品以略微亏损的价格参加天天特卖活动,主要原因是天天特卖活动产生的销量是有自然搜索的权重的,也就是说,活动本身能给商品带来后续的自然排名的提升,所以说,更多人上活动是为了活动后续权重的增加,而不是为了单纯靠活动赚钱。从这个角度想,天天特卖的报名价格要足够低,如图 5-21 所示。

4. 如何提升活动效果

活动的效果往往取决于商品在活动过程中的点击率和转化率。转化率很大程度上取决于报名价格,如果商品的价格足够低,那么转化率相对来说就比较好。而点击率往往取决于商品的主图,主图最好有趣、吸引人。有没有一些人工干预的手段,可以用来提升商品的点击率和转化率呢？其实也是有的，如果卖家的店铺之前已经积累了一些老客户的话，可以在活动之前做一次营销，通知有兴趣的老客户在活动期间购买商品，这样是可以帮助卖家提升商品的点击率和转化率的，也能让商品在活动中有更好的排名和效果。

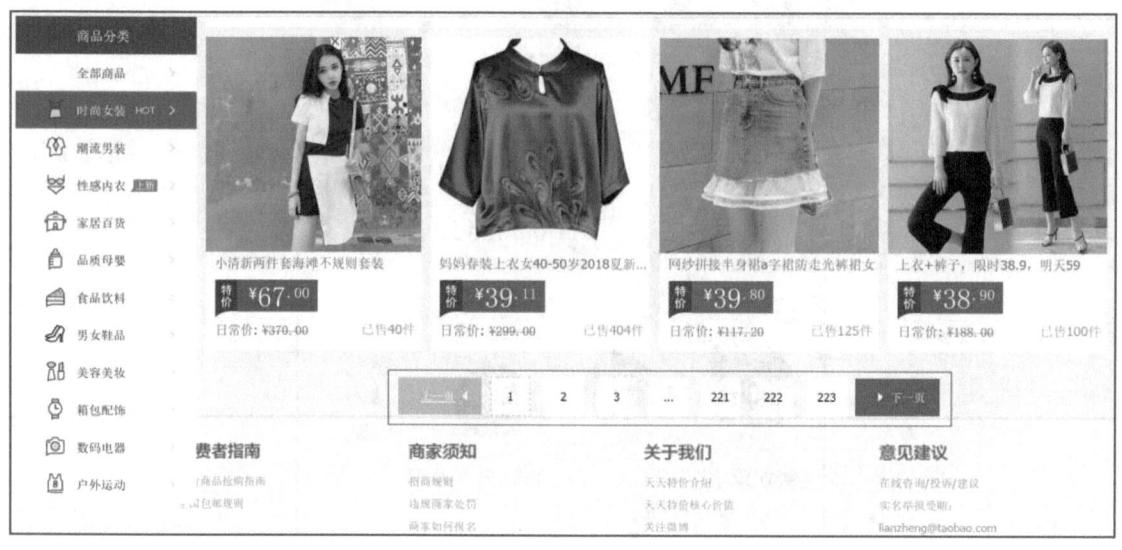

图 5-21

5. 活动对商品的影响

前面讲了天天特卖活动产生的销量是有助于商品排名的，但在现实中，也有一些店铺，在活动以后，商品的排名反而靠后了，出现这种情况的原因是什么？往往是因为评分降低导致商品排名下滑，或者是其他原因导致的商品排名下滑。因为天天特卖一次会产生比较大的销量，可能一次产生 500 件甚至 1000 件的销量，对于很多小卖家来说，在处理这么多订单的时候，往往会有延迟发货的现象出现。同时，天天特卖的用户群体又是一个比较在意价格、比较挑剔的一个买家群体，所以在评分上，可能会低于通常销售商品的评分，因此在有些情况下也会造成商品排名的下降。但总体来说，在大部分情况下，活动是会让商品排名有所上升的。

二、"双 11"购物狂欢节活动

"双 11"购物狂欢节，是指每年 11 月 11 日的网络促销日，源于淘宝商城（天猫）2009 年 11 月 11 日举办的网络促销活动，当时参与的商家数量和促销力度有限，但销售额远超预期，于是 11 月 11 日成为天猫举办大规模促销活动的固定日期。"双 11"如今已成为中国电子商务行业的年度盛事，并且逐渐影响到国际电子商务行业。

2014 年 11 月 11 日，阿里巴巴全天交易额为 571 亿元。2015 年 11 月 11 日，天猫全天交易额 912.17 亿元。2016 年 11 月 11 日，天猫全天交易额超 1207 亿元。

2017 年"双 11"开场 11 秒钟，淘宝系交易额超 10 亿，3 分 01 秒成交额超破百亿，其中移动端成交额占比 93%。第九届天猫"双 11"全球狂欢节开始 1 小时 49 秒，成交额超过 571 亿元，这一数字是 2014 年"双 11"全天的成交额。根据阿里巴巴公布的数据，2017

年 11 月 11 日天猫、淘宝总成交额 1682 亿元，刷新纪录。

2018 年"双 11"是这一人造购物节的第十年，天猫总成交额破 2135 亿元，同比增长 26.9%，全国网络零售交易额突破 3000 亿。经过 10 年的发展，"双 11"已经从一个"光棍节"大促活动成长为一场商业的"奥林匹克"。2018 年，天猫"双 11"吸引了全球 18 万个品牌参与，再次创下新高。

2019 年 11 月 11 日，天猫"双 11"开场 14 秒销售额破 10 亿；1 分 36 秒成交额破 100 亿。17 分 06 秒，成交额超过 571 亿元，超过 2014 年"双 11"全天成交额。2019 年，天猫"双 11"全天成交额为 2684 亿元人民币，超过 2018 年，再次刷新纪录。

2020 年，第 12 个"双 11"，阿里巴巴公布的数据显示，天猫成交额达 4982 亿元，比 2019 年同期增长了 1032 亿元，同比增长 26%。

第四节 网店站外推广

一、淘宝直播

淘宝站外推广

1. 淘宝直播简介

淘宝直播是阿里巴巴推出的直播平台，2016 年 3 月开始试行，其定位是"消费类直播"，用户可"边看边买"。淘宝直播涵盖的商品类目包括母婴、美妆、潮搭、美食、运动健身等。

淘宝直播号主要分为达人主播号和商家直播号，达人主播号只由"达人"本人直播，不能由其他人代替直播，而商家主播号可以由任何人直播。2016 年至 2018 年淘宝直播平台主推达人主播，达人主播一般和淘宝直播机构关联开通浮现权。2019 年淘宝直播平台主推商家直播号，淘宝商家只要有一定的销售业绩都可以开通淘宝直播账号，在开始直播的时候商家号是没有浮现权的，其直播的经验值达到 3000 点后才能获得浮现权。什么是浮现权呢？我们可以把淘宝直播的浮现权理解为排名，开通了浮现权的直播账号才能在淘宝直播里被搜索到，拥有公域流量。

2. 淘宝直播的好处

淘宝直播对相关人员的运营能力要求很高，如果自己没有能力来做淘宝直播，可以联系一些网红，与之合作进行直播推广。实际上很多卖家已经通过与网红的合作来实现店铺价值的提升，即网红负责推广，卖家做好运营，双方互相合作，实现共赢。这种方式对卖家来说有几点好处，第一，拓展了新的流量渠道，为店铺挖掘更多的潜在客户，带来更多的订单；第二，立体地展现商品，一般情况下，卖家的商品只能通过图文或者一个小小的视频在淘宝上售卖，但是如果能够通过直播达人将其介绍给买家，更加立体、真实地展现商品，从而更容易获得买家的信任；第三，缩短曝光时间，短期内增加店铺的关注量，推广商品收藏和加购量,提高商品的权重。以往传统的推广方式,如直通车、淘宝客推广等一些活动的周期相对来说比较长,而通过淘宝直播这种方式,可以为店铺在极短的时间内获得极大的收藏量和关注度。同时,当买家关注店铺后,以后都会收到该店铺的微淘消息,这是一个长久的利益点。

3. 如何寻找合适的网红

如果打算找网红进行推广,通常有两种渠道,第一种联系渠道叫作阿里V任务,如图5-22所示,它是一个官方的合作平台,有定期的招商规则,招募相对应的商家红人。阿里V任务能够为达人提供服务,也能够为卖家提供优选用户和大数据分析服务。它的玩法相对简单,在平台招商时期,点击申请入驻,选择合适的网红进行合作。另外一种渠道是通过微博和网红私聊,相对来说,每一个在做淘宝直播的网红,都会有个人微博,卖家可以通过微博私信的方式找到相应的网红进行合作。

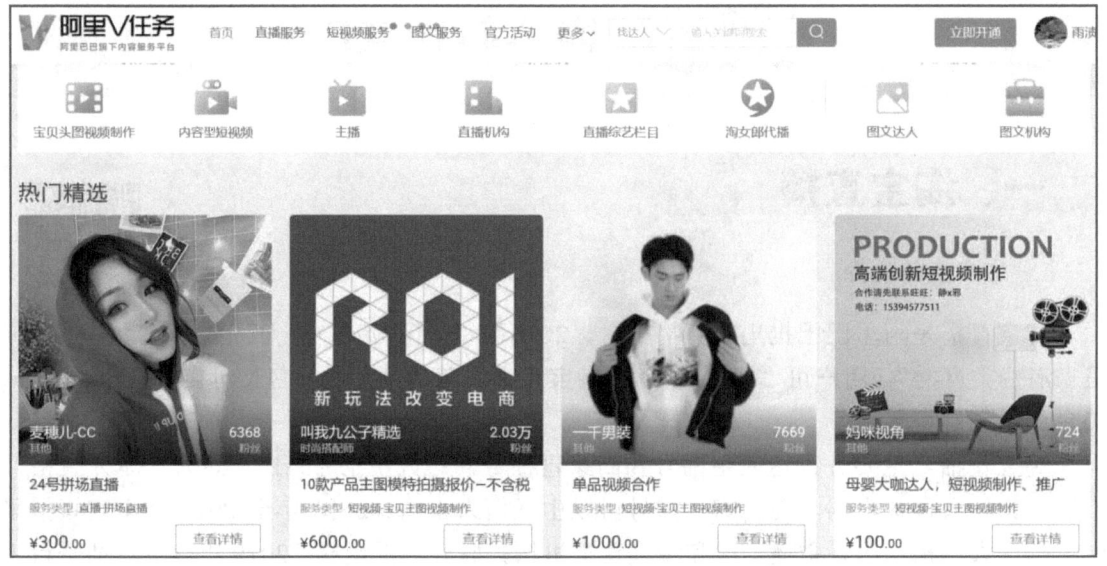

图 5-22

4. 与网红合作时的注意事项

淘宝直播有时候非常有效,但也有很多时候其效果并不理想。首先很多人是抱着看热闹的心理去观看直播的,所以,相比自然搜索流量,直播的流量不太精准。其次,直播推广属于付费流量,网红会收取一定的推广费及成交佣金,这样一来,如果没有选择合适的网红,没有通过正确的方式去推广,造成的结果不仅是卖不出去货,而且会亏钱。所以在与网红合作中非常重要的一点是要找合适自己商品的网红,因此在决定利用淘宝直播推广商品的前期,卖家需要对商品进行定位,然后找准视频标签类目,最后选择合适的网红进行推广。例如,卖海外代购类的商品,自然要去选择海淘达人。

5. 小卖家的直播定位

随着淘宝直播的逐渐成熟和发展,好的网红的价格也水涨船高,另外还有一些不可控因素，所以找网红合作并不容易。这时，不妨换个角度来思考，中小卖家可以把自己定位为小网红，脚踏实地，从自己经历的每一个买家入手，通过领取优惠券的方式加他们的微信，通过持续的、有温度的内容输出把买家变成自己的粉丝，从而达到使其复购的目的。利用小网红的思维，以人为中心，而不是以商品为中心，不是只想着推销产品，而是把我觉得好的东西分享给大家。有了思维的铺垫，再去积攒粉丝，因为维护一个粉丝的成本要比开发一个新买家的成本要低得多。在淘宝里积攒粉丝，分别把未购买商品的、已购买商品的、买完商品评价了的买家引导到微信平台上，在微信里统一进行维护。经过一段时间的积累，中小卖家就可以在自己的小圈子里如鱼得水，成为一个真正的小网红。

淘宝直播账号开通及规则

淘宝直播后台中控操作

二、淘宝客推广

1. 淘宝客介绍

淘宝客是按成交额计费的推广模式，也指通过推广赚取收益的一类人。淘宝客只要从淘宝客推广专区获取商品代码，任何买家（包括淘宝客自己）经过推广（链接、个人网站，博客或者社区发的帖子）进入淘宝卖家店铺，完成交易后，就可得到由卖家支付的佣金；简单地说，淘宝客就是指帮助卖家推广商品并获取佣金的人。

在淘宝客推广中，有推广平台、卖家、淘宝客及买家四个角色，如图 5-23 所示，每个角色缺一不可。

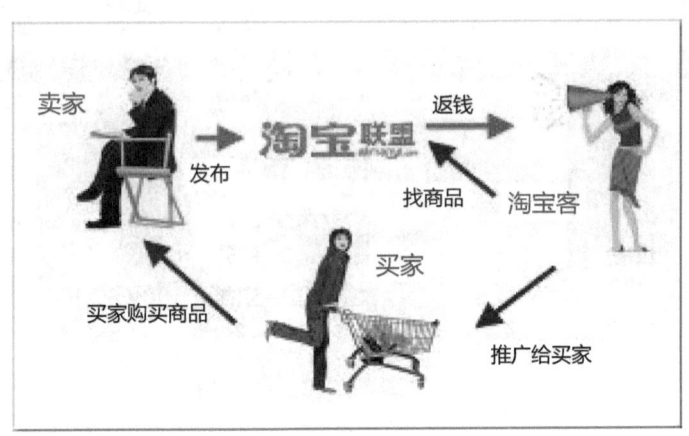

图 5-23

① 推广平台：帮助卖家推广商品，帮助淘宝客赚取利润，从每笔推广的交易中抽取相应的服务费用。

② 卖家：佣金支付者，他们到淘宝联盟提供自己需要推广的商品，并设置每卖出一件商品所支付的佣金。

③ 淘宝客：佣金赚取者，他们在淘宝联盟中找到卖家发布的商品，并且将其推广出去，当有买家通过自己的推广链接完成交易后，就能够赚取卖家所提供的佣金（其中一部分需要作为推广平台的服务费）。

2. 淘宝客的推广途径

淘宝客是如何推广商品的呢？

首先看看淘宝客的后台，如图 5-24 所示，有 4 个选项，分别是网站管理、App 管理、导购管理、软件管理。

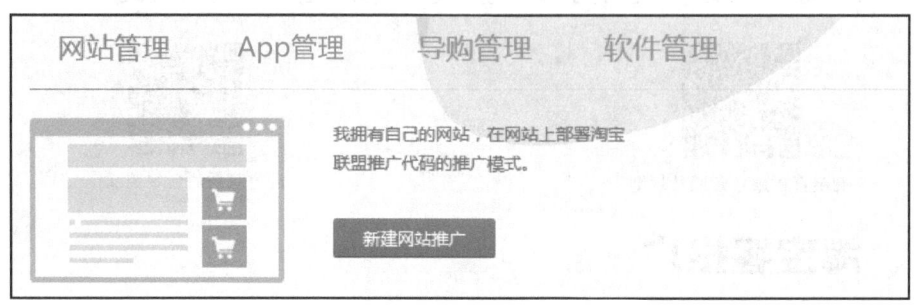

图 5-24

淘宝客推广的第一种推广途径是网站推广，如图 5-25 所示。网站推广一般有两种形式，第一种是秒杀优惠类网站，买家通过网站链接可以直接跳转到淘宝店铺中。秒杀优惠类网站由于性价比比较高，同时又可以方便快捷地找到自己想要的产品，从而受到很多买家的欢迎。因此在这类网站上推广商品会有很好的效果。

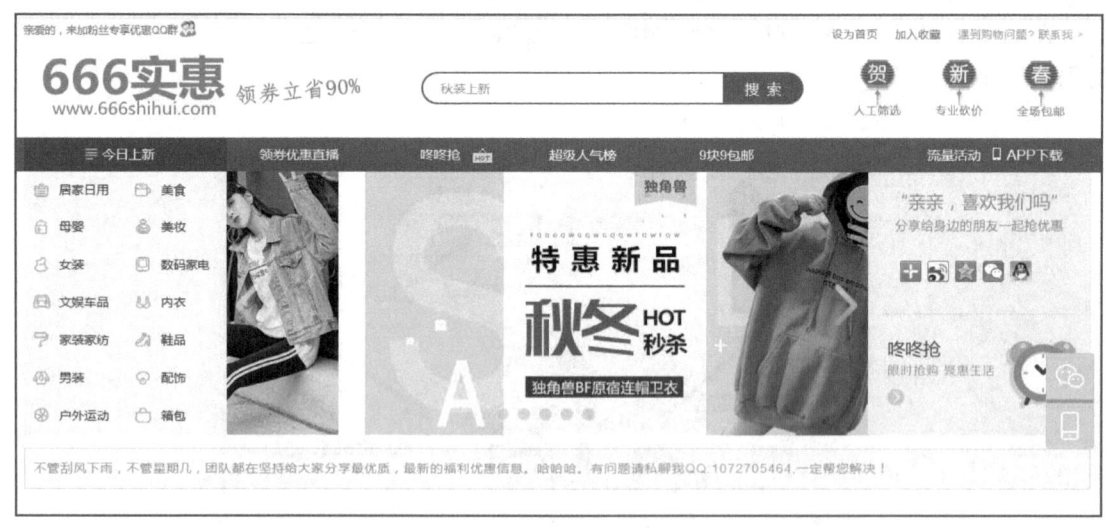

图 5-25

网站推广的第二种形式就是专业做导购形式的网站，如专门做手表的网站，或者专门做钓鱼竿的网站，这类网站会给买家介绍相关的专业知识，吸引了买家之后，他们就能推荐某类商品给买家，买家购买商品，从而完成交易。

这两种网站推广方式，一类是利用了人们喜欢占便宜的心理，而另一类是用专业的知识打动买家,从而促成交易。

淘宝客推广的第二种途径是导购管理,就是利用社交软件进行商品的推广,如使用QQ群或者微信群进行推广。买家在闲暇时间或者聊天的时候,会看到物美价廉的商品,同时这个商品的价格还远远低于他们的认知,就形成了冲动消费。由于使用社交软件推广非常简单,大量专业的和业余的人都能成为淘宝客。

淘宝客推广的第三种途径就是软件推广。例如,猎豹浏览器、金山杀毒软件等这一类软件,它们都在"双11"期间进行红包推广。这些红包在被领取之后,一旦买家使用这些红包进行付款,他们付款的这家店铺就会有相应的佣金自动进入该类软件的账户里面。当然,除了"双11"和"双12"期间,平时也可以进行红包推广。

淘宝客推广的第四种途径就是App的推广。现在更多的人习惯用手机进行购物,所以很多人都在做手机App,然后将其推广给买家。例如,图5-26所示9块9包邮的App,很多人会被吸引,特别是对价格敏感的人群,可以说是非常精准的,同时人们的依赖性也会非常强。

图5-26

总结一下，淘宝客推广实际上是一个"三赢模式"，在这个过程中，每一方都获得了自己想要的东西。卖家可以获得商品销量的提升，淘宝客通过自己的辛勤努力，可以拿到佣金，而买家可以买到非常物美价廉的商品。

3. 适合进行淘客推广的商品

在实际的推广过程中，什么样的商品最适宜进行淘宝客推广呢？

第一，超低客单价的商品，如图5-27所示。从图中商品的月推广量上也可以看出来，这一类商品的转化率很高，因此比较适合由淘宝客去做推广活动。

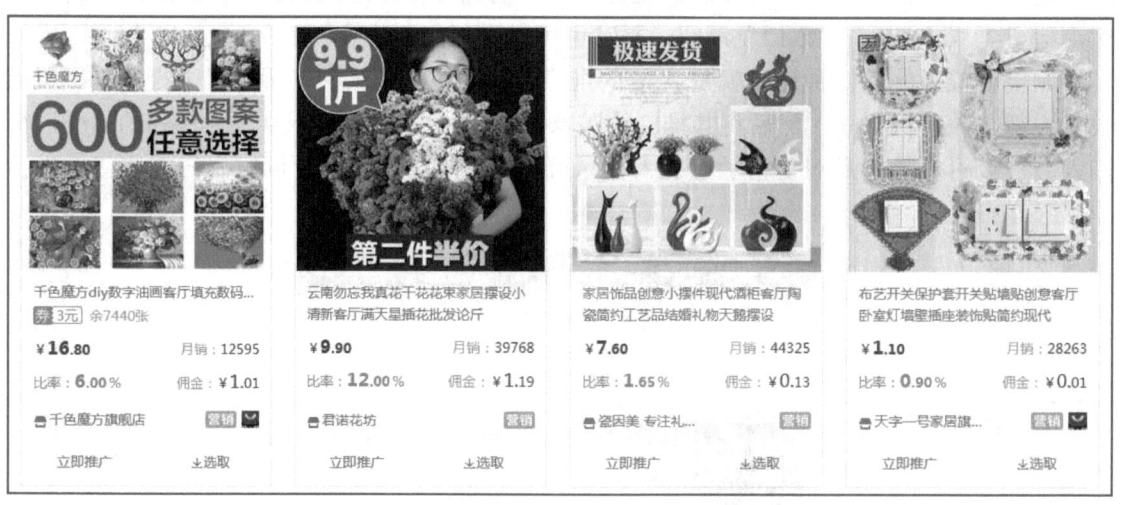

图 5-27

第二类是女性、儿童、家居用品，以及客单价较低的单品和应季产品，如图5-28所示。例如，中秋节的月饼，圣诞节的圣诞树，情人节的鲜花和巧克力等。因为这些商品是应季商品，淘宝客在推广的时候，不但可以拿到较低的价格，同时推广起来转化率也会很高。一般来说，高于49元的商品不适宜进行淘宝客推广，因为单价高了会导致转化率下降。

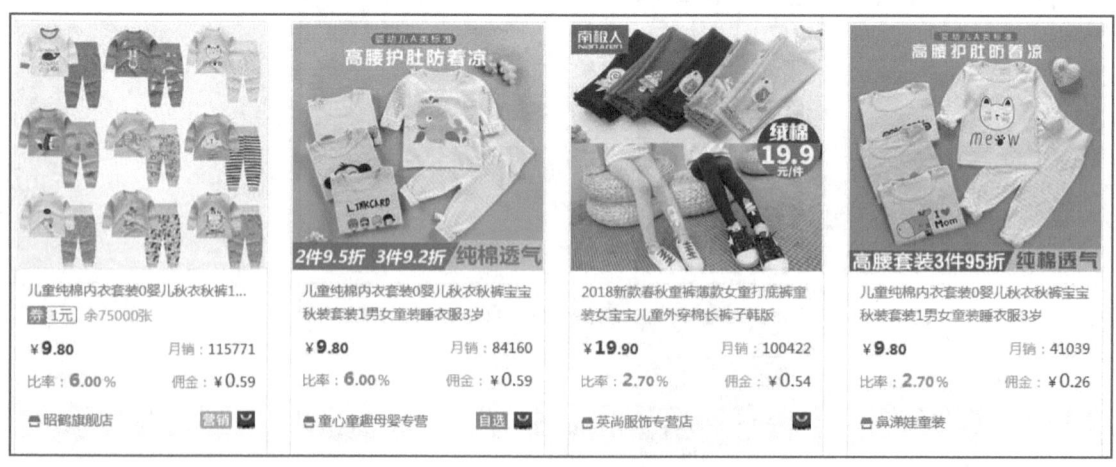

图 5-28

项目实训

✓ 一、实训目标

1．掌握开通淘宝客及设置淘宝客推广的方法。
2．掌握淘宝单品的竞争及客户调研分析方法。

✓ 二、实训项目 1

淘宝客的开通与推广

1．实训步骤指导

（1）淘宝客的开通

登录淘宝店，进入卖家中心>营销中心，点击"我要推广"页面，选择"淘宝客开始拓展"如图 5-29 所示，进入淘宝客推广页面。开通淘宝客的条件有两个：一是商品数量大于 10 件；二是 DSR 评分大于 4.5 分。满足这两个条件的卖家可以直接开通淘宝客。第一次登录使用的时候，需要签署协议并确认支付宝账号的绑定。

图 5-29

（2）淘宝客的推广设置

如图 5-30 所示，进入"推广管理"，新建"推广计划"，设置推广计划佣金比例，设置推广计划里面的信息。

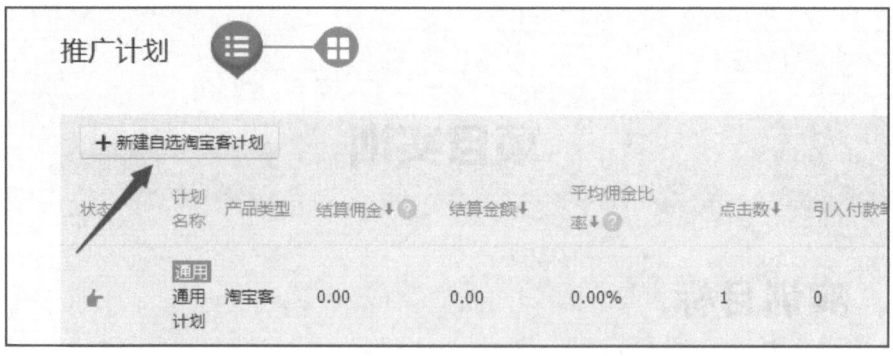

图 5-30

如图 5-31 所示，增加主推广商品并设置佣金比例，如果商品没有什么销量，建议设置高一点的佣金。一般是 5%~15%，这样淘宝客会大力进行推广。

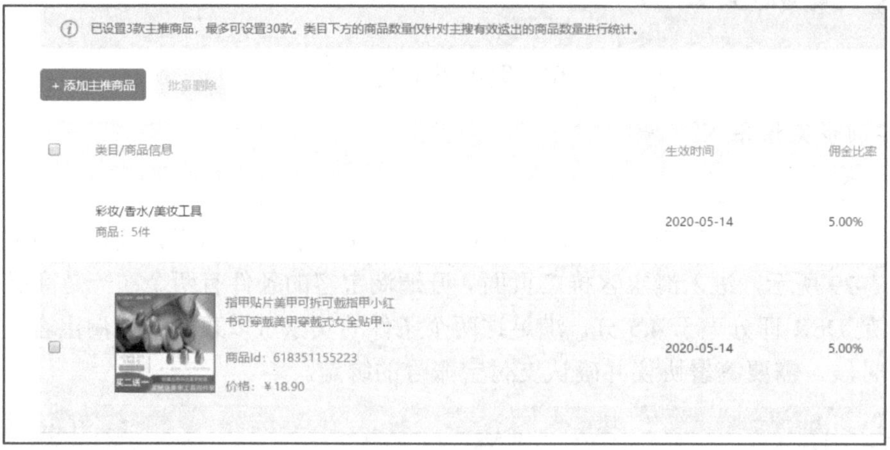

图 5-31

设置好了推广计划，一段时间后就会有淘宝客找到卖家的商品，并申请帮助卖家进行推广，这时卖家可以在推广计划里审核淘宝客，如图 5-32 所示，卖家可以审核淘宝客的流量能力、成交能力和推广价单，最后把淘宝客加入推广计划即可。

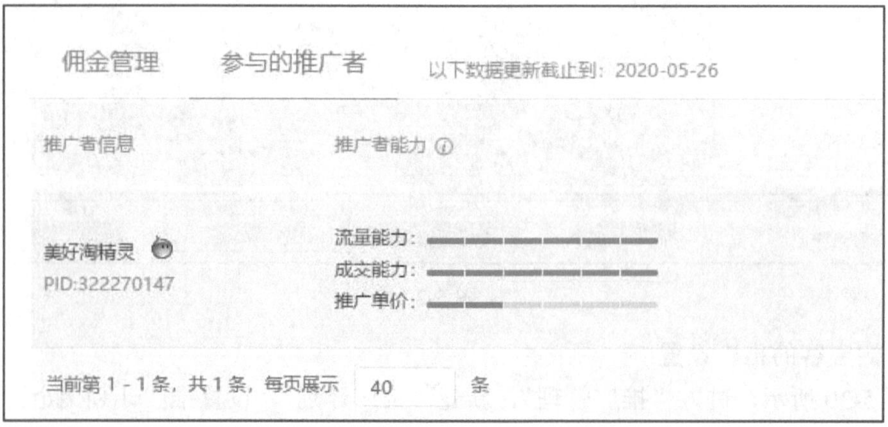

图 5-32

2. 实训作业

开通自己店铺的淘宝客,并设置主推商品的佣金比例为10%。

三、实训项目2

单品的竞争及买家调研分析

针对店铺中的一款重点商品,从竞争对手和买家搜索习惯两个维度调研基础数据。扎实的数据分析,将为后续的商品营销推广提供坚实的基础。

1. 分析工具:生意参谋—市场行情,淘宝搜索引擎。

2. 实训步骤指导

(1)竞争对手分析

以精准品类名作为关键词进行搜索,按销量排序,分析前十名卖家的商品规格、价格、促销方案、30日销量、标题、地区等信息。总体掌握竞争对手的区域分布,价格带分布,商品规格等竞争情报。并将上述信息整理为规范的表格,作为主要运营资料进行保存,如表5-1所示的竞争对手分析。

(2)搜索习惯分析

使用淘宝后台专业数据分析工具:生意参谋—市场行情的搜索分析,分析店铺主推产品的类目热搜关键词,以热搜词为基础,进一步分析相关长尾词的搜索人气、点击率、转化率及全网的竞品数量等。对买家搜索关键词按核心词及搜索人气进行分类、排序,准确掌握主要的商品大词及精准词、长尾词。并将上述分析整理为规范表格,作为主要运营资料保存。

表5-1 竞争对手分析

关键字	卖家	发货地	销售单位(g)	30天销量(件)	价格/单价(元)	标题
柿饼	脆脆妙旗舰店	河北沧州	1500	25491	39.9/13.3	吊柿饼农家自制新鲜霜降柿子饼非特级陕西富平特产柿饼1500g/2500g
富平柿饼	惠群干果	山东潍坊	1000	22606	22.8/11.4	柿饼1000g农家自制青州柿子饼霜降柿干赛特级陕西特产富平吊柿饼
富平吊柿饼	飞扬的绿叶特产店	广西桂林	1000	19496	29.9/14.9	新货柿饼柿子饼农家自制柿饼非特级陕西特产富平吊柿饼500g/1000g/2500g
柿饼5斤装	双超食品旗舰店	山东潍坊	1000	8727	21.9/10.9	双超圆柿饼农家自制1000g新鲜霜降柿子饼非特级陕西富平特产零食

续表

关 键 字	卖 家	发货地	销售单位（g）	30天销量（件）	价格/单价（元）	标 题
柿饼 特级	菜青虫食品旗舰店	上海	1000	14121	25.8/12.9	圆柿饼农家自制 1000g 新鲜霜降柿子饼非特级陕西富平特产吊柿饼
柿饼 富平 特级	沂蒙公社旗舰店	山东临沂	260	14110	35.90/70	沂蒙公社柿饼农家自制赛富平柿干陕西特产霜降新鲜吊柿子饼260g
富平吊柿饼 特级	西域之尚旗舰店	陕西西安	400	46563	49.99/60	【西域之尚 吊柿饼】陕西特产手工柿饼霜降干柿子饼 农家自制400g
柿饼 2斤	小熊干果	山东潍坊	1000	10220	18.8/9.4	柿饼农家自制1000g青州柿子饼赛特级陕西富平特产柿干吊柿饼包邮

3．实训作业

自选一个类目，统计竞争对手的相关数据，并做一个如表 5-1 所示的"竞争对手分析"表格。在网上开店的同学再做一份"用户搜索习惯分析"表格。

课后习题

一、判断题

1．随着智能手机的应用普及，目前淘宝的移动端流量已经占总流量的 90%以上。（   ）

2．淘宝排名的逻辑是希望将有限的展现机会，分配给那些定价更高的商品，只有这样，才能让有限的流量获得更大的价值。（   ）

3．淘宝直通车是为淘宝卖家和天猫卖家量身定制的，按点击量付费的营销工具，为卖家实现商品的精准推广。（   ）

4．直通车推广宝贝的投放时间段，可以由卖家自定义设置。（   ）

5．对于天天特卖的商品，在同一个品类里面，一般来说越大众的商品越热销。（   ）

6．网红只能推广自己的商品，无法和卖家合作，实现共赢。（   ）

7．微信不能作为二次营销工具。（   ）

8．维护一个老客户的成本，要比开发一个新客户的成本要低得多。（   ）

二、单选题

1．UV 价值指的是（　　）。

A．产品的价格

B．产品的销售额

C．单个 UV 产生的销售额

D．单个 PV 产生的销售额

2．店铺今天通过搜索获得的 UV 为 50，通过直通车获得 UV 为 80，一共成交了 13 笔交易，那么（　　）。

A．店铺今天的转化率为 10%

B．店铺今天一共获得了 80 个 UV

C．店铺今天的 PV 为 130

D．店铺今天的跳失率为 10%

3．淘宝直通车是按照（　　）形式收费的推广工具。

A．按展现量收费

B．按点击量收费

C．按成交量收费

D．按销售额收费

4．在一个直通车推广计划中，每个商品最多可以设置（　　）个关键词。

A．10

B．100

C．200

D．1000

5．下面关于关键词质量得分的说法不正确的是（　　）。

A．1～5 分不展示

B．6 分有机会展示

C．7～10 分首页展示

D．1～10 分都有展示机会

6．在淘宝直通车中修改了商品的标题或简介，会影响我的淘宝店铺中的销售商品吗？（　　）

A．会

B．不会

C．只是对标题产生影响

D．只是对价格产生影响

7．哪项不符合店铺推广对推广图片的要求？（　　）

A．不能违反有关国家法律的规定及淘宝规则

B．图片中最好包含推广单品

C. 图片和单品推广不一样

D. 色情图片

8. 天天特卖活动的报名条件不包括哪项？（　　）

A. 开店 90 天以上

B. 动态评分大于 4.6

C. 开通直通车推广

D. 信用一钻以上

9. 下面哪种推广方式属于站外推广？（　　）

A. 直通车推广

B. 钻石展位推广

C. 天天特价活动推广

D. 微博粉丝营销

三、多选题

1. 单品权重最重要的三项是（　　）。

A. 点击率

B. 转化率

C. 商品的销量

D. 商品的评价

2. 以下是淘宝直通车优势的是（　　）。

A. 精准流量

B. 超低成本

C. 省事放心

D. 精准转化

3. 影响直通车质量得分的因素有（　　）。

A. 创意质量

B. 相关性

C. 买家体验

D. 出价

4. 某女装店打算推广该店内"连衣裙"新品，下列哪些是可行的关键词选择策略？（　　）

A. 使用女装下的所有热门词

B. 参考"连衣裙"分类页中商品在"宝贝推广"中使用的优质关键词

C. 参考直通车推荐词表中"连衣裙"类目下的 top 词

D. 使用"流量解析"工具，查询并参考"连衣裙"类目下热门词及属性词

5. 报名天天特卖活动，在选择商品方面主要考虑哪些方面？（　　）

A. 报名产品是否是天天特卖用户群体喜欢的产品

B. 商品的销量是否足够高

C．商品的报名价格是否足够低

D．商品是否有特色

6．关于淘宝直播进行网店推广的作用，说法正确的是（　　）。

A．拓展了新的流量渠道，这将会为店铺挖掘到更多的潜在客户，带来更多的订单

B．更加立体、真实地展现商品，这样更易获得买家的信任

C．缩短曝光时间，短期内增加店铺的关注量，提高商品权重

D．推广成本低，能快速提升商品转化率，增加销售额

第 6 章 网店客服

知识目标：

- 理解网店客服的概念和意义。
- 掌握网店客服在能力、素质等方面的要求。
- 掌握网店客服的沟通技巧。

能力目标：

- 能够热情周到地进行客服接待。
- 能够比较灵活地处理各种价格异议和交易纠纷。
- 掌握客户关系管理的方法和技巧。
- 掌握客户忠诚度管理的方法和技巧。

素质目标：

- 培养学生爱岗敬业的精神和不计较个人得失的奉献精神。
- 提高学生的语言表达能力和灵活应变的能力。

思维导图

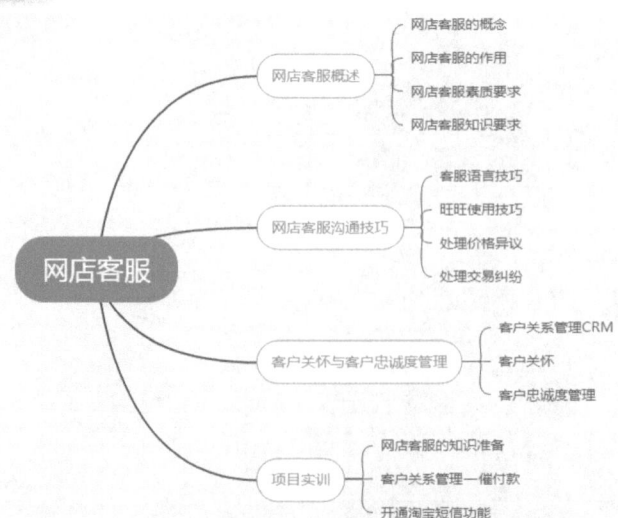

网店客服案例

第一节 网店客服概述

一、网店客服的概念

客服的售前准备

客服，顾名思义，就是为客户提供服务。网店客服是指在开设网店这种新型商业活动中，充分利用各种通信工具、并以网上及时通信工具（如阿里旺旺）为主的，为买家提供相关服务的人员。

网店客服与实体店的导购员相似，但是在工作环境和工作的流程等方面存在很大的差异。网店客服对网络有较高的依赖性，一般通过文字、语音、图片等形式与买家进行沟通。所提供的服务一般包括客户答疑、促成订单、店铺推广、跟踪订单、售后服务等。

二、网店客服的作用

网店客服，在塑造店铺形象、提高成交率，以及提高买家回头率等方面均起着非常重要的作用，不可忽视。

1. 塑造店铺形象

对于一个网店而言，买家看到的商品都是虚拟的，无法在购买商品之前进行体验，往往会对商品进行质疑。这时，客服就显得尤为重要了。买家通过与客服在网上的交流，可以逐步了解卖家的商品、服务和态度，客服的一个亲切的问候或者一个笑脸（旺旺表情符号），都能让买家感受到有情感、有温度，这样可以拉近与买家的距离，使买家放弃开始的戒备，从而在买家心中逐步树立起店铺的良好形象。

2. 提高成交率

网店客服工作的落脚点一定是让买家购买商品，从而提高成交率和销售额。

很多买家在购买商品之前针对不太清楚的地方询问客服，如产品的性能、优惠信息等。客服随时解答买家的疑问，从而促成交易。

有时，买家只想确认一下商品是否与描述相符，这时在线客服就可以打消买家的很多顾虑，让其安心地购买商品。

当买家犹豫不决时，一个有着专业知识和良好销售技巧的客服，可以给买家推荐合适的商品，促成交易。

有时，买家拍下商品，但是由于各种原因未能及时付款，这时在线客服可以及时跟进，催促买家及时付款。

3. 提高买家的回头率

当买家在客服的良好服务下，完成了一次体验良好的交易后，买家不仅了解了卖家的服务态度，也对卖家的商品、物流等有了切身的体会。当买家需要再次购买同样商品的时候，就会倾向于选择他所熟悉和了解的卖家，从而提高了买家的回头率。

三、网店客服的素质要求

一个合格的网店客服，应该具备良好的心理素质和品格。

网店客服应具备良好的心理素质和品格，因为在提供客户服务的过程中，网店客服经常要承受着各种压力、挫折，没有良好的心理素质和品格是不行的。具体要求如下：

① 良好的自控力。良好的自控力就是能调整好自己的心态，控制好自己的情绪。客服人员作为一名服务工作者，首先要有一个好的心态来面对工作和客户，好的心态带来好的心情，好的心情也会感染客户。网店客服需面对网上形形色色的买家，有容易说话的，也有不好说话的。遇到不好说话的买家，网店客服就要调整好自己的心态，控制好自己的情绪，耐心解答，有技巧地加以应对。

② 热情主动的服务态度。网店客服还应对买家热情主动的服务态度，重视每一个买家，充分理解他们的需求，让每位买家感受到充满激情的服务，在认可服务的同时，接受店铺的商品。

③ 热爱企业、热爱岗位。一名优秀的网店客服应该对其所在的客户服务岗位充满热爱，认同"客户至上"的服务理念，兢兢业业地做好每件事。

④ 不轻易承诺。说了就要做到，言必信，行必果，真诚对待每一个人。在与买家交流的过程中，不要轻易使用"肯定，保证，绝对"等字样，这不表示卖家对买家不负责任，而是不让买家有失望的感觉。

四、网店客服的知识要求

1. 商品知识

（1）商品的专业知识

网店客服应当对网店中商品的种类、材质、用途、尺寸、注意事项等有全面的了解，最好还应当了解行业的有关知识。例如，手机专营店的网店客服，就需要对与手机相关的知识有一定的了解，同时对商品的使用方法、修理方法等也要有一定的了解。

（2）商品的周边知识

除了需要了解商品的专业知识，网店客服对商品的周边知识也要有所了解。例如，化妆品专营店的网店客服需要对肤质有一定的了解，不同肤质的买家在选择化妆品时会有很大的差别。又如内衣，根据年龄、生活习惯的不同，不同的买家也会有不同的需求。再如玩具，有些玩具适合婴儿，有些玩具适合儿童等。

此外,网店客服对同类的其他商品也要有基本的了解,这样买家在问到关于商品的差异的时候,网店客服就可以更好地给予回复和解答。

2. 网站交易规则

(1)一般交易规则

网店客服为了更好地把握自己解答买家疑问的尺度,应该把自己放在卖家的角度来了解网店的交易规则。有的时候我们遇到的买家可能是第一次在网上进行交易,很多操作都不会,如如何添加购物车、如何下单等,这时,我们除了要引导买家去查看网店的交易规则,还需要一步步地指导买家进行操作。因此,我们要学会查看交易详情,了解如何添加收藏、如何添加购物车、如何付款、如何改价、如何关闭交易、如何申请退货退款等。

(2)支付规则

现在在网上交易一般通过支付宝(支付宝余额、余额宝、花呗)和银行卡(借记卡、信用卡)等付款方式进行结算。淘宝付款以支付宝为主,所以网店客服要了解支付宝关于订单的售前、售中和售后的相关规则。

3. 物流知识

(1)了解不同的物流服务提供商

淘宝网的物流服务提供商主要有:顺丰快递、圆通快递、申通快递、中通快递、韵达快递、百世汇通、EMS邮政速递等,大件物流一般用德道邦物流、优速物流、邮政包裹等。现在很多快递公司都和妈妈驿站、可柜、菜鸟裹裹和丰巢等合作,为不方便收快递的人提供快递代收服务。

(2)了解不同物流服务提供商的其他重要信息

① 了解不同物流服务提供商的价格:如何计价、报价,以及还价空间还有多大等问题。

② 了解不同物流服务提供商的物流速度。

③ 了解不同物流服务提供商的联系方式:准备一份包括各个物流公司的联系方式的表格放在手边,同时了解如何查询各个物流服务提供商的网址。

④ 了解不同物流服务提供商应如何办理、查询相关业务。

⑤ 了解不同物流服务提供商的状态查询、地址更改、包裹撤回、保价、问题件退回、索赔的处理流程等。

⑥ 常用网址和信息的掌握。快递公司的联系方式、邮费查询、邮政编码、汇款方式等。

总结一下,网店客服需具备的相关知识包括与商品相关的知识和网站交易规则。商品知识包括商品专业知识和商品周边知识,网站交易规则包括一般交易规则、与支付和物流相关的规则。

第二节 网店客服沟通技巧

✓ 一、客服语言技巧

1. 常用规范用语

客服的咨询接待

客服常用语要注意规范、礼貌、谦和、亲切。

① 少用"我"字，多使用"您"或者"咱们"这样的字眼：让买家感觉我们在全心全意地为他（她）考虑问题。

② 多用"您好""请问""麻烦""请稍等""不好意思""非常抱歉""多谢支持"……平时要注意提高修炼自己的"内功"，同样一件事用不同的方式表达就会有不同的效果。如果语言表述不当，很容易引起误会和纠纷。

2. 尽量避免使用负面语言

客户服务语言中不应该出现负面语言。什么是负面语言？例如，我不会、我不能、我不愿意等。

① 在客户服务的语言中，没有"我不能"。当客服人员说"我不能"的时候，买家的注意力就不会集中在客服人员能做到的事情上，他的注意力会集中在"为什么不能""凭什么不能"上。

正确方法："让我看看能够帮您做什么"，这样就避开了和买家说不行，不可以。

② 在客户服务的语言中，没有"我不会做"。当客服人员说"我不会做"时，买家会产生负面情绪，认为客服人员在拒绝他；而我们希望买家的注意力集中在客服人员说话的内容上。

正确方法："我们能为您做的是……"

③ 在客户服务的语言中，没有"这不是我应该做的"。买家会认为客服人员的服务态度不好，从而不再听客服人员的解释。

正确方法："我很愿意为您做……"。

④ 在客户服务的语言中，没有"我想我做不了"。当你说"不"时，与买家的沟通会马上处于一种消极的氛围中，为什么要让买家把注意力集中在我们不能做什么，或者不想做什么呢？

正确方法：告诉买家，我能做什么，并且非常愿意在自己力所能及的范围内为他们提供帮助。

⑤ 在客户服务的语言中，没有"但是"。不论客服人员前面讲得多好，如果后面出现了"但是"，就等于将前面对买家所说的话否定了。

正确方法：不说"但是"！

⑥ 在客户服务的语言中，有一个"因为"。想让买家接受我们的建议，应该给买家一些充足的理由；当我们不能满足买家的要求时，也要告诉其原因。

二、旺旺使用技巧

1. 沟通的语气及旺旺表情的活用

客服人员在旺旺上和买家进行沟通时，应该尽量使用活泼生动的语气，要让买家感受到客服人员的热情，千万不要让买家感觉到被怠慢。如果确实很忙，不妨客气地告诉买家"对不起，我现在比较忙，我可能会回复得慢一点，请您谅解！"。这样，买家才能理解并且予以体谅。

当我们没有想到合适的语言来回复买家的时候，与其用"呵呵""哈哈"等语气词，不妨使用一下旺旺的表情。一个生动的表情能让买家体会到客服人员的善意并且带动聊天氛围。

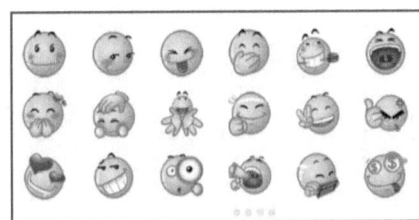

2. 旺旺状态设置

我们可以通过设置快速回复来提前把常用的句子保存起来，这样在忙乱或者暂时不在线的时候可以快速地回复买家。例如，欢迎词、不讲价的解释、"请稍等"等，这样可以给我们节约大量的时间。在日常回复中，当我们发现哪些问题是买家问得比较多的时候，也可以把回答内容保存起来，达到事半功倍的效果。

网店客服还可以通过旺旺的状态设置，可以给店铺做宣传，如在状态设置中写一些优惠措施、节假日提醒、商品推荐等。

3. 客服子账号的设置

① 进入千牛卖家工作台"店铺"页面，点击"子账号管理"，如图 6-1 所示。

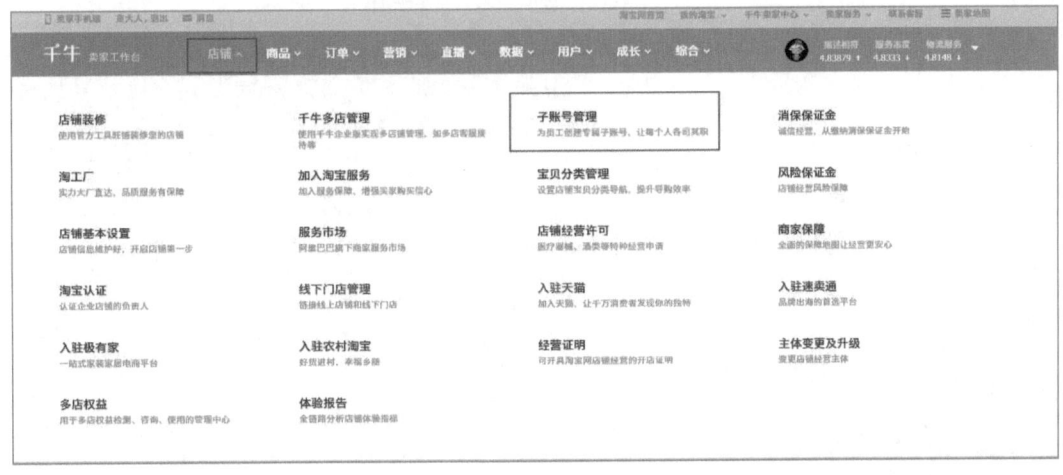

图 6-1

② 点击"新建员工"，如图 6-2 所示。

图 6-2

③ 在基本信息栏选择"客服"岗位,按照要求输入相关信息即可,如图 6-3 所示。

图 6-3

三、处理价格异议

处理价格异议

产生价格异议的原因有很多,有的可能是因为买家进行了价格对比,发现你所在店铺的商品价格比同类商品的价格高;有的买家希望能省则省……作为客服,在与买家讨价还价的过程中该如何应对呢?总的原则是分类施策,坚持底线。以下我们介绍几个比较有效的对策。

1. 比较法

第一个对策是比较法,即用一方的劣势反衬另一方的优势。既然买家认为你所在店铺的商品价格比较高,你就要通过对比,让买家觉得你所在店铺的商品价格是合理的。你可以选择将自家商品与低等商品做比较,让买家看到不同档次产品之间的明显差距;你可以选择与同类高价商品做比较,那么自家商品的价格优势也就一目了然了。

2. 拆分法

拆分法,将商品价格拆分平摊到更小的单位。尤其是客单价高的产品,如高档品牌的衣服、护肤品、保健品等。例如,1 盒面霜 500 元,可能有人会觉得贵,可是你对买家说这款面霜可以用 6 个月,平均下来每天 3 块钱不到,而且这个面霜是大品牌,品质有保障,功效特别好,每天花 3 块钱就可以得到款面霜,相当值得。

3. 诚实法

很少有人能够花费很少的钱买到高品质的商品。诚实法就是客服人员坦诚地告诉买家一分钱一分货,要对买家强调商品的品质,高质量的商品能让买家省时又省心,要让买家清晰地认识到便宜没好货。随着国人消费水平的提高,买家越来越重视商品的品质。

4. 底牌法

有些买家讲价的目的可能是想试探一下成交底线。客服人员一定要识破买家的这个心理,不要害怕拒绝会导致交易失败。底牌法就是最直接的拒绝客户讨价还价的技巧,明确表示自家的商品已经是最低价了,无法降价,否则就会亏损。客服人员还可以进一步强调商品给买家带来的好处和商品的独特性,让买家觉得物有所值,促使买家放心购买。

四、处理交易纠纷

要成功地处理交易纠纷,先要找到最合适的方式与买家进行交流。很多客服人员都会有这样的感受,买家在遇到交易纠纷时会表现出情绪激动、愤怒,甚至破口大骂。作为专业的网店客服,必须能够控制自己的负面情绪,同时要掌握纠纷处理的基本思路和技巧。

买家把自己的不满和怨气发泄出来,其不快的情绪便得到释放和缓解,从而维持了心理平衡。此时,买家最希望得到的是卖家的理解、尊重和重视,因此客服人员应耐心倾听、诚挚道歉,并及时采取相应的补救措施。

1. 诚恳道歉,热情接待

不管是什么原因让买家感到不满,都要诚恳地道歉,对因此给买家带来的不愉快和损失道歉。其实,"对不起"或"很抱歉"并不一定表明卖家有过失,这主要表示客服人员对买家不愉快经历的遗憾与同情。不用担心买家的态度会越发强硬,客服人员的理解与认同只会将买家的思绪引向解决问题的轨道上来。

如果买家收到商品后反映有问题,客服人员要比交易的时候更热情地接待买家,这样买家就会觉得卖家实在。客服人员热情地表示乐于提供帮助和解决问题,自然会让买家感到安全、有保障,从而进一步消除对立情绪,建立对卖家的信任。

2. 快速反应,认真倾听

买家收到商品后,发现商品有问题,一般会比较着急。客服人员在这时要快速反应,认真倾听,记录买家的问题,及时分析问题发生的原因,并表示会帮助买家解决问题。对于不能马上解决的问题,也要告诉买家我们会马上处理。特别要注意的是不要听到买家说商品有问题就着急辩解,而是要耐心听清楚问题所在,向买家解释他所表达的意思并询问买家,我们的理解是否正确,这向买家表达了我们的真诚和对他的尊重。同时,这也给买家一个重申他没有表达清晰意图的机会。

3. 灵活应变,引导买家的思绪

我们也可以运用一些方法来引导买家的思绪,化解买家的愤怒。

(1)"何时"提问法

一个在气头上的"发怒者"无法进入"解决问题"的状态,客服人员要做的是让对方的火气逐渐降下来。对于一些非常难听的抱怨,可以用"何时"提问法来冲淡。

买家:"你们根本是不负责任,瞎胡搞才导致了今天的烂摊子!"

客服人员:"您是从什么时候开始感到我们的服务没能及时替您解决这个问题的?"

而不当的反应,如同我们司空见惯的:"我们怎么瞎胡搞了?这个烂摊子和我们有什么关系?"

(2)转移话题

当买家按照他的思路在不断地抱怨、指责时,客服人员可以抓住一些其中略为有关的内容扭转方向,缓和气氛。

买家:"你这么搞把我的日子给彻底搅了,你的日子当然好过,可我还上有老下有小啊!"

客服人员:"我理解您,您的孩子多大啦?"

买家:"嗯……6岁半。"

(3)间隙转折

暂时停止和买家直接对话,特别是当客服人员也需要找有决定权的人做一些决定或变通的时候。

客服人员:"请您稍候,让我和领导请示一下,看看我们还可以用什么办法解决这个问题。"

（4）给定限制

有时你虽然做了很多尝试，买家依然出言不逊，甚至不尊重你的人格，你可以转而采用较为坚定的态度给对方一定限制。

"李先生，我非常想帮助您。但您如果一直这样情绪激动，我只能和您另外约时间了。您看呢？"

4. 给出补救措施

对于买家的不满，客服人员要能及时给出补救的措施，并明确地告诉买家，让买家感觉到你在为他考虑，并且很重视他。一个及时有效的补救措施，往往能让买家的不满转变为对卖家的感谢和满意。

针对买家的投诉，卖家应准备各种预案或解决方案。客服人员在提供解决方案时要注意以下几点。

① 为买家提供选择。一个问题的解决方案通常不是唯一的，给买家提供选择会让买家感到被尊重，同时，买家自己选择的解决方案在实施的时候也会得到来自买家更多的认可和配合。

② 诚实地向买家承诺。有些问题比较复杂或特殊，客服人员不知该如何为买家解决。如果客服人员不知该如何解决，不要向买家进行任何承诺，诚实地告诉买家，你会尽力寻找解决问题的方法，向领导请示，但需要一点时间，然后约定给买家回话的时间。客服人员的诚实会得到买家的理解。

③ 适当地给买家一些补偿。为弥补卖家的一些失误，客服人员可以在解决问题之外，给买家一些额外的补偿，如小礼物、优惠券、折扣等。很多店铺都会给客服人员一定的授权，以灵活地处理此类问题。

5. 通知买家并及时跟进

为买家提供哪些补救措施，现在进展到哪一步，都应该及时告知买家，让买家了解客服人员所做的工作，了解客服人员为解决他的问题所付出的努力。当买家发现补救措施及时有效，而且卖家对自己也很重视的时候，就会感到满意。

第三节 客户关怀与客户忠诚度管理

一、客户关系管理

客户关系管理（Customer Relationship Management，CRM）是一个获取、保持和增加可获利客户的方法和过程。在更普遍的情况下，谈到 CRM 时，人们通常指的是 CRM 系统，这是一项帮助相关人员开展联系人管理、销售

客户关系管理与客户关怀

管理工作、工作流程处理和提高工作效率的工具。使用 CRM 系统能够让卖家清晰地掌握客户的总体情况。卖家在一个界面内就可以看到所有客户的信息，通过一个简单、可定制的控制版面，可以看到其与某位客户业务来往历史、订单状态、所有待解决的客户问题等。

淘宝、天猫等电商平台都会用到 CRM 系统，常用的 CRM 系统，如超级店长、网店管家、多卖 CRM、集客 CRM 等，可以在服务市场里面寻找，如图 6-4 所示。

图 6-4

以短信营销为例，我们来了解 CRM 系统如何进行运作。

① 进入淘宝服务市场，找到"维客短信-维客 CRM-发短信"，点击购买或者"15 天（免费试用）"，如图 6-5 所示。

图 6-5

② 进入维客首页,我们可以看到维客 CRM 可以为我们提供催付款、发货提醒、派单提醒、签收提醒、到达提醒、回款关怀、未评级提醒及退款关怀功能,如图 6-6 所示。

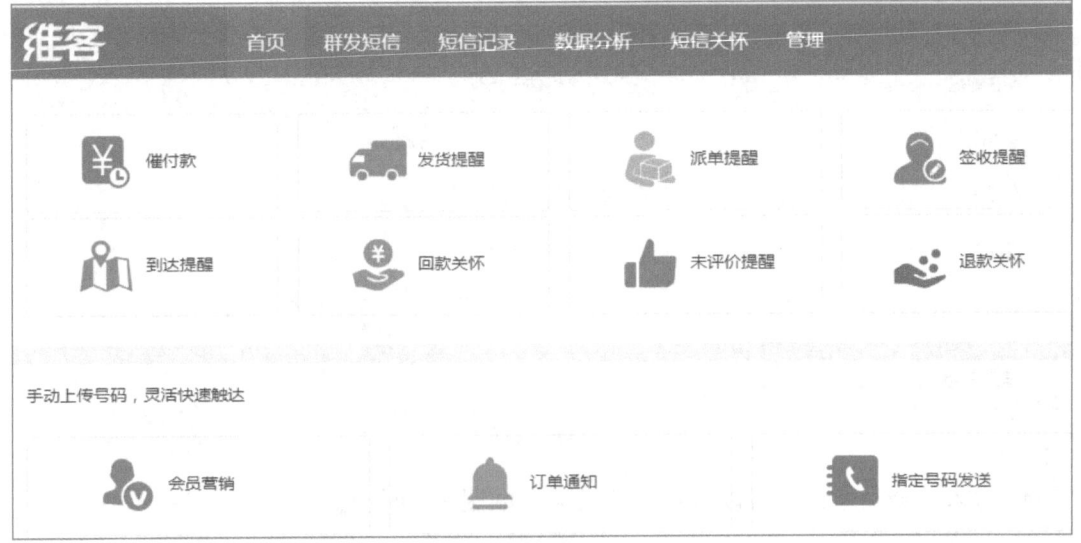

图 6-6

③ 点击"群发短信"里面的"会员营销",填写活动名称,选择客户分组、指定宝贝等各个选项,并编写活动文案,如图 6-7 和图 6-8 所示。

图 6-7

图 6-8

④ 进入"会员营销"可以查看活动效果,如图 6-9 所示。

图 6-9

⑤ 进入"数据分析"可以查看 RFM 分析和相应的营销建议,如图 6-10 和图 6-11 所示。R(Recency)指最近一次购买时间段,F(Frequency)指客户总购买次数,M(Monetary)指购买金额。

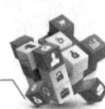

RFM分析　退款分析

RFM分析 R(Recency)最近一次购买时间段，F(Frequency)用户总购买次数，M(Monetary)购买金额

标准分析　R值分析　F值分析　M值分析

◉ 客户数/占比　○ 平均客单价　○ 累计购买金额

活跃度

RFM模型	F=1（购买1次）	F=2（购买2次）	F=3（购买3次）	F=4（购买4次）	F≥5（购买5次）	总数
0 ≤ R < 30（近30天有交易记录）	113人 占比:8.0946%	60人 占比:4.298%	29人 占比:2.0774%	26人 占比:1.8625%	111人 占比:7.9513%	339
30 ≤ R < 90（30-90天有交易记录）	388人 占比:27.7937%	161人 占比:11.533%	122人 占比:8.7393%	46人 占比:3.2951%	301人 占比:21.5616%	1018
90 ≤ R < 180（90-180天有交易记录）	14人 占比:1.0029%	8人 占比:0.5731%	4人 占比:0.2865%	1人 占比:0.0716%	10人 占比:0.7163%	37
180 ≤ R < 360（180-360天有交易记录）	0人 占比:0%	0人 占比:0%	0人 占比:0%	0人 占比:0%	1人 占比:0.0716%	1
R ≥ 360（360天之前有交易记录）	1人 占比:0.0716%	0人 占比:0%	0人 占比:0%	0人 占比:0%	0人 占比:0%	1
总计	516人 占比36.9628%	229人 占比16.404%	155人 占比11.1032%	73人 占比5.2292%	423人 占比30.3009%	1396

忠诚度

图 6-10

营销建议：

人群条件	人数	建议
R<90，F=1	501	首次购买新客，给予新客专属优惠，刺激产生二次复购
R<90，F=2	221	活跃新客户，店铺爆款优惠引流，满减刺激
R<90，F≥3	635	活跃忠诚客户，上新通知，引导买家秀，满送刺激
90≤R<180，F=1	14	沉默新客户，给予适当权益，定向激活
90≤R<180，F=2	8	沉默回头客，新品低价唤醒，满月礼、周年礼激
90≤R<180，F≥3	15	沉默忠诚客户，会员专场活动、专属优惠、差异化权益
R≥180，F=1	1	流失新客户，小额优惠券引导到店

图 6-11

二、客户关怀

对卖家而言，忠诚的客户是卖家竞争最有力的武器，如何维系在日常交易及大促中沉淀下来的客户忠诚度，如何让客户再次产生购买行为，都是做客户关系管理的关键。只有不断地为客户提供优质的商品、令人满意的服务，才能提升客户的满意度，最终达到客户

与卖家双赢的结果。

一个店铺的客户群体是具有生命周期的，一般经历产生、成长、成熟、衰老、死亡5个阶段。其中成长、成熟、衰老这三个阶段往往伴随着消费行为，而成熟期则是消费的黄金阶段，如何延长成熟期，则是客户关怀的内容和最终目的。

1. 关怀工具

目前，常用的关怀工具有短信、电话、旺旺、邮件、淘宝群、微淘等。

（1）短信关怀

优势：覆盖面广、收费低、可群发。劣势：字数有限、容易被忽略。如果卖家采取这种关怀方式，应注意短信的发送时间和内容，不宜在客户休息或忙碌的时间段发送，发送内容不宜死板，如我是XX店铺，店内现在全场5折等。

（2）电话关怀

优势：实时性强、沟通效果好、容易给客户留下深刻印象。劣势：成本高、对相关人员的沟通能力要求高、效率低。电话关怀的时间段不宜过早或过晚，关怀内容不适合推送促销信息，更适合询问客户使用商品的感受。如果客户表示不愿意接到类似的电话时，应及时致歉并在该客户标签中备注留档。

（3）旺旺关怀

优势：免费、可使用表情、可群发、不限制字数。劣势：客户不在线时无法及时与之沟通。

（4）邮件关怀

可群发、可制作精美的版面与图文。劣势：容易被客户当作垃圾邮件、时效性差。

（5）微淘

微淘，如图6-12所示，对卖家来说，微淘是卖家面向买家进行自营销的内容电商平台，通过微淘，卖家可以进行粉丝关系管理、品牌传递、精准互动、内容导购等。

（6）淘宝群

我们可以通过创建淘宝群，如图6-13所示，来维护粉丝并提高转化率，如向群成员发放卡券类优惠（店铺优惠券、现金红包等）、与群成员互动（淘金币打卡、做任务得奖等）、开展群内限时抢购、提前购等导购项目等。

2. 关怀方式

卖家关怀客户的方式有很多，常见的有订单关怀、情感关怀、节日关怀及促销推送。

（1）订单关怀

订单关怀分为订单催付、付款后关怀、发货关怀、到达关怀及签收关怀五个环节。订单催付属于售前关怀，后面四项实际上属于售后关怀。

当买家下单付款后，卖家发货时通常会给买家发送短信，告知其发货时间、使用的快递等。例如，"亲，您购买的宝贝已经发货，使用的是圆通快递，预计2～3天到达，请保持手机畅通，方便快递人员联络。"

第 6 章 网店客服

图 6-12

图 6-13

当快递到达买家所在的城市时，买家也会收到短信提示；如果因为天气或其他不可抗力情况导致物流不能按时到达时，也可以发送短信告知买家。当买家签收货物后，还要进行支付提醒、好评、晒单引导、商品使用关怀及购物满意度调研。

售后关怀能够使买家清楚地知道自己所购买商品的物流情况、使用方法等，从而使买家拥有良好的购物体验，提升其满意度。

（2）情感关怀

卖家进行客户关系管理的目的是培养买家的忠诚度并提高其满意度，除了资金投入，还离不开感情投资。尽管很多时候，卖家会选择用软件替代人工关怀，但是买家不喜欢与一台机器对话，而更喜欢有感情、重细节的关怀方式。这就需要客服人员在与买家沟通时更人性化，更注重买家的情绪，而不是一味地使用快捷短语或自动回复。当到了买家生日、重要纪念日时，卖家可以发送祝福短信，对于重要的买家甚至可以为其寄一份礼物。

（3）节日关怀

在节日来临前，客服人员通过短信或旺旺对买家进行关怀，并适时推送促销信息，也会有不错的效果。

（4）促销推送

当卖家发布新品、店铺庆典、日常促销时，通常会提前给买家发送优惠券或红包，客服人员应及时告知买家活动相关信息。但此类信息发送的频率不宜太高、语言太直白，否则容易引起买家的反感。

三、客户忠诚度管理

客户忠诚度管理

在大型网络零售平台上，如淘宝网和天猫，有几百万的卖家在销售各种商品，大的商品类目大约有 50 万个商家，比较小的商品类目大约有 10 万个商家，每一个类目都属于充分竞争的市场。对买家而言，可选择的商家有很多，他们在选择商家时会出现两种情况：如果不喜欢某个商家，则还有很多可替代的商家可供选择；如果喜欢某个商家，并且因为商家太多，重新选择的时间成本比较高，同时存在选择错误的风险，则他们更愿意回到体验好的商家那里再次购买商品。如何让买家喜欢并复购就是客户忠诚度管理所要解决的问题。

1. 客户忠诚度管理的概念和目的

（1）什么是客户忠诚度管理

要想知道什么是客户忠诚度管理，先要明确什么是客户忠诚度。一个客户是否忠诚于某个商家，最直接的表现就是购买次数。一般情况下，在一定时期内购买 3 次及以上的客户就属于忠诚客户，购买次数越多，客户的忠诚度越高。客户忠诚度管理就是商家让客户喜欢和依赖品牌、商品和服务的整个营销管理过程。如何让客户喜欢和依赖，这是一个比较复杂且漫长的过程，和产品、价格、促销、渠道都有密切的关系，在这些都做好的前提下，做好客户忠诚度管理能带来锦上添花的效果。

（2）客户忠诚度管理的目的

在互联网时代，我们经常说，有粉丝才有品牌，有品牌才有未来。

客户忠诚度管理就是让客户成为店铺的粉丝，提高店铺的销量，带来更多的利润，同时产生更多的口碑传播，最终让商品卖得更多，让品牌的美誉度、忠诚度、知名度都不断提升。

2. 客户忠诚度管理的流程和方法

要进行客户忠诚度管理，相关人员先要了解商品的特性，洞察客户群体的特征，结合商品的特性和客户群体的特征，合理地构建提升客户黏性和客户忠诚度的两套体系：一是客户会员体系，二是客户积分体系。

（1）客户会员体系构建的流程和方法

一般卖家在店铺中都会搭建会员体系，有的店铺以消费额度作为买家成为会员的门槛，有的店铺以在消费的基础上支付一定的费用作为买家成为会员的条件，有的店铺以预先充值作为成为会员的条件，有的店铺以登记相关的信息作为客户成为会员的条件。

那网店又应该如何构建会员体系呢?

会员体系的构建主要有以下几个步骤。

① 确定会员等级。

根据店铺的情况,可以将会员分为三级至六级,如淘宝网和天猫平台上的商家往往会把会员分为普通会员、高级会员、VIP会员、尊享会员四个等级,如图6-14所示。

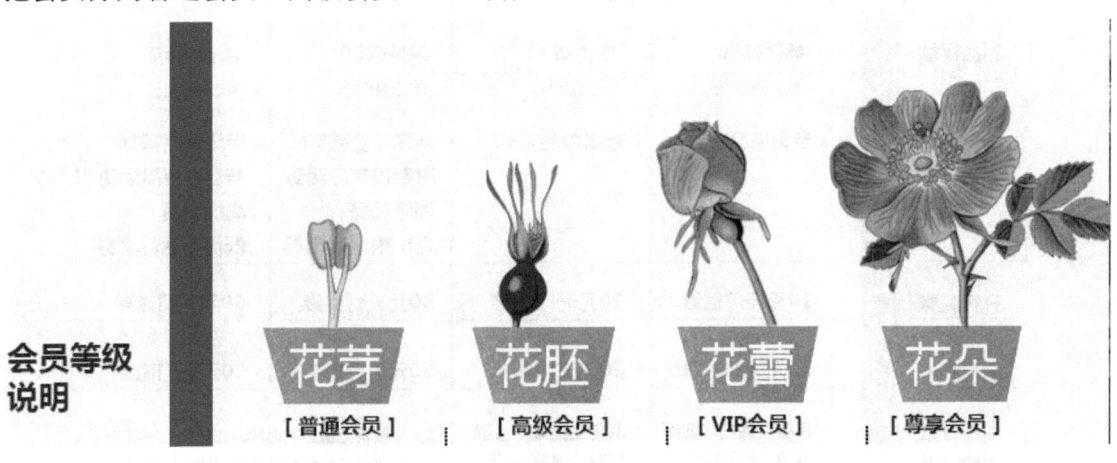

图 6-14

② 确定晋级条件。

卖家应该结合商品的特性、价格、平均客单价、消费频次等因素,设定合理的会员晋级门槛,门槛太低,则不利于刺激会员多消费;门槛太高,则会让会员感觉太难而放弃,从而失去会员体系应有的激励作用。会员晋级条件的设置应合理,如图6-15所示。

会员需要满足条件	[普通会员]	[高级会员]	[VIP会员]	[尊享会员]
	成功交易额大于200元或(交易次数2次)	累计成功交易满699元或(交易次数5次)	累计成功交易满1599元或(交易次数10次)	累计成功交易满2599元或(交易次数20次)

图 6-15

③ 确定会员权益。

会员权益不仅局限于会员折扣,还包括其拥有的各种特权。不同等级的会员应该享受不同的权益,等级越高的会员享受的权益应该越多,如图6-16所示。

④ 确定降级机制。

买家在最后一次消费后,如果经过一段比较长的时间没有再消费或参与店铺活动,则可以对这类会员进行降级处理,在降级前,客服人员可以与这类会员进行沟通、互动,同时排除长期没有消费的无效、僵尸会员。

⑤ 设计会员页面。

卖家可以在店铺中设计一个会员页面,让会员方便地查看会员权益和各种会员活动,如图6-17所示。

2018 DANMUNIER VIP DAY
丹慕妮尔会员尊享特权

会员权益	花胚（普通会员）	花蕾（高级会员）	花朵（VIP会员）	花粉（尊享会员）
新品权益	单件减30 限上新当天	单件减30 限上新当天	单件减50 限上新当天	单件减50 限上新当天
会员日	专场单品减30	专场单品减30	专场单品减30 有专供商品活动 高级礼品 低价限量优惠券	专场单品减30 有专供商品活动 高级礼品 低价限量优惠券
升级礼券	10元无门槛券	20元无门槛券	30元无门槛券	50元无门槛券
满月礼券	10元无门槛券	20元无门槛券	30元无门槛券	50元无门槛券
月度评选 季度评选 年度评选	月度交易成功金额榜首，送300元优惠券一张	季度交易成功金额榜首，送1000元优惠券一张	1、年度榜首金额奖IPHONE新款（一名） 2、年度第二高的金额奖国内旅游套餐奖（一名） 3、年度第三高的金额，送定制外套	
专款定制	专场单品减30	专场单品减30	专场单品减30	专场单品减30
售后服务	专场单品减30	专场单品减30	专场单品减30	专场单品减30

图 6-16

图 6-17

⑥ 告知会员权益。

当买家成为会员、通知某会员等级升级或降级、会员权益变动、会员生日时，都是一次与客户接触的机会，客服人员可以通过短信、微信、微博、电子邮件、电话、贺卡、包裹等工具与会员进行沟通、接触，赠送会员礼品，告知会员权益、会员活动等，与客户加强互动或促使其购买商品。

⑦ 会员制度说明。

会员制度一般力求简单明了、一目了然，所以相关细节很难明确。而会员制度说明则可以对相关约定条款进行补充、详细说明，避免出现不必要的误解，减少客户纠纷，如图6-18所示。

丹慕妮尔会员注意事项

- 2018年会员制度有效期：
2018年8月9日-2020年8月18日

• 会员升级标准	1、消费金额从开始一笔成功交易订单开始累计，不含退款金额。满足晋级条件后系统自动进行升级。 2、累计金额限同一个淘宝ID（淘宝账户）进行升级，不同ID不可累计、不可转存。 3、晋级礼券：晋级礼券在会员晋级后三天内发送至账户，并进行短信通知，优惠券使用日期为1个月。
• 退换货特权	商品签收后不影响二次销售，无水洗，才能享受对应退换货周期特权。
• 会员生日礼：	生日礼券自生日当天起15天内使用有效（仅限已登记生日的会员）； 生日实物礼品限已在系统登记生日信息的VIP会员可享受。
• 新品限时包邮	丹慕每周一、三、五上新，会员专享上新新品24小时内包邮，欲购从速哦！
• 包邮特权说明：	会员享受的包邮特权仅针对购买商品时使用，退货换货不可以使用会员包邮特权，请知悉！
• 补充说明：	若出现以下情况，丹慕妮尔将收回您的会员资格 1、代销客户取消每次获奖机会（经过系统分析认定）； 2、恶意中差评会员； 3、严重损害丹慕妮尔品牌形象和利益行为的会员； 4、一年内没有继续体验丹慕妮尔品牌产品的普通会员； 5、自愿申请注销丹慕妮尔会员资格的会员； 最终解释权归丹慕妮尔服饰公司所有。

图6-18

（2）客户积分体系构建的流程和方法

客户会员体系构建起来后，可以让客户在消费过程中享受各种优惠和权益，感受到会员特权和实惠，提升客户的黏性和忠诚度。在移动互联网和粉丝经济时代，商家与客户非消费接触和互动的工具比较多，仅以消费为前提的会员制度还不够，还需要进一步促使客户在没有需求的时候也能更多地参与各种形式的互动活动，增进与客户的感情，提升客户的活跃度和黏性。而这就需要商家在客户会员体系的基础上构建一套合理的积分体系。

构建客户积分体系的基本原则是：让客户比较容易地获得积分，让客户的积分有价值，能消费。客户积分体系分为两大部分：一是客户积分的获取方式；二是客户积分的消费形式。积分的获得和积分的消费都可以在会员页面或积分页面进行公示，如图6-19所示。

图6-19

① 客户积分的获取方式。

为了促进客户积极消费和积极参与消费之外的各种互动活动，商家可以让客户的每一个积极动作都能获得一定的积分奖励，从而有利于调动客户参与活动的积极性。换句话说，就是商家可以用积分引导客户参与各种有意义的互动活动。例如，用积分鼓励客户参与消费体验调查、填写相关资料、分享等。常见的积分获得方式有以下几种，如图6-20所示。

a.消费获得积分。通过消费获得积分是黏住客户和回馈客户常见的一种方式。商家可以给不同级别的会员赠送不同倍数的积分，以体现不同等级会员具有不同的权益。商家还可以利用积分加倍的方式引导客户购买主推商品，如图6-21所示。

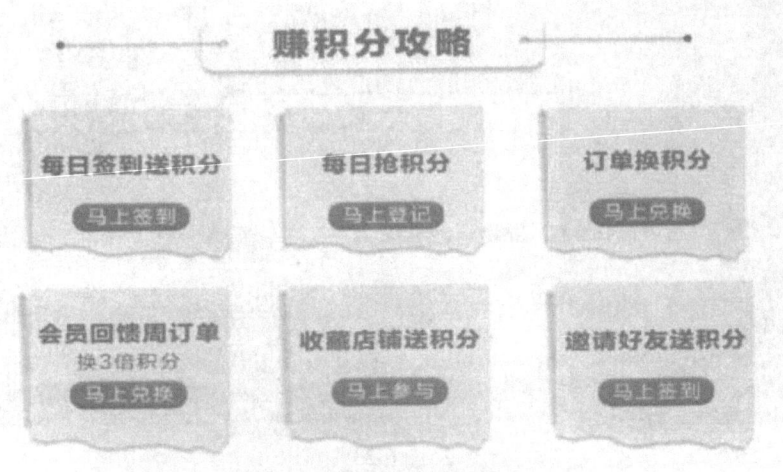

图 6-20

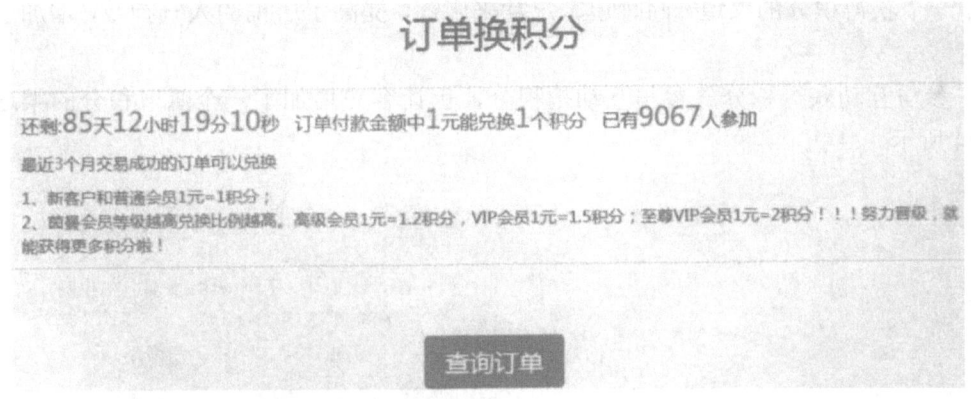

图 6-21

b.收藏店铺获得积分。客户收藏店铺有利于让客户找到店铺，店铺收藏人数体现了店铺的人气，也是平台评判和考核店铺人气的指标之一，如图 6-22 和图 6-23 所示。

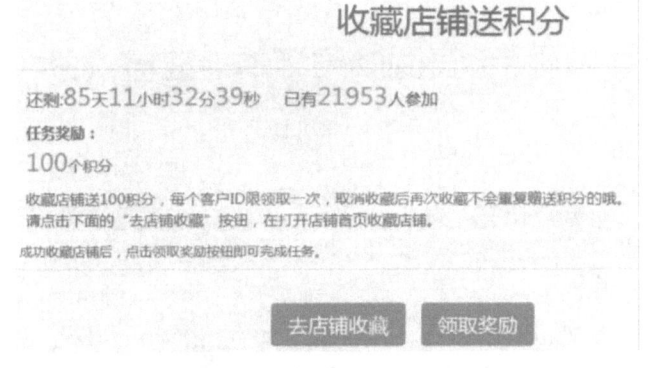

图 6-22

c.邀请好友获得积分。鼓励客户邀请好友收藏店铺并赠送积分，可以起到宣传店铺、提升店铺收藏人气的作用。

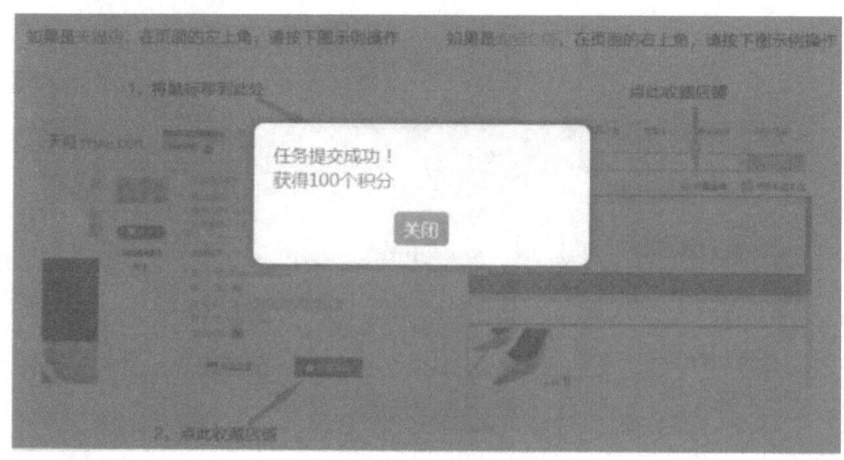

图 6-23

d. 签到获得积分。引导客户参与签到互动是提高客户活跃度的方式之一，这也让客户多了一个获得积分的渠道，同时让客户常来店铺，提高了店铺的人气指数，增加了客户黏性。

e. 参与互动获得积分。参与互动抢积分，也让客户增加了一个赚取积分的渠道，如图 6-24 所示。

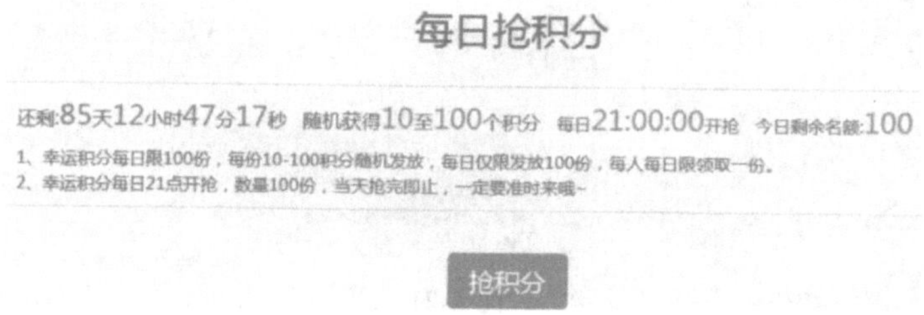

图 6-24

f. 通过会员活动获得积分。提升积分赠送倍数可以促使会员更加积极地参与会员活动，如图 6-25 所示。

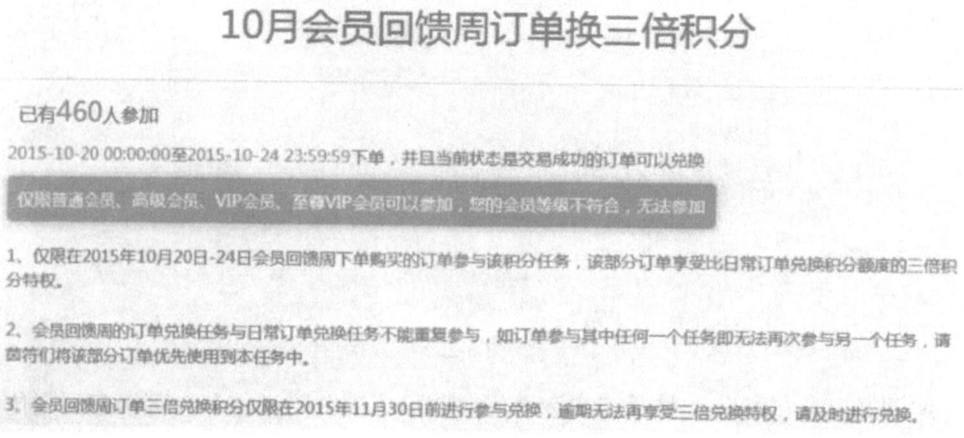

图 6-25

② 客户积分的消费形式。

客户之所以愿意通过多种途径积极赚取积分，是因为积分有价值，可以兑换有价值的东西。如果积分没有价值，难以消费，客户就会失去赚取积分的积极性，积分体系就会变成摆设。

常见的积分消费形式有以下几种。

a. 兑换不同面值的优惠券。让客户用积分兑换购物优惠券对商家来说是比较有利的，因为这可以激励客户再次消费，但是这种方式只对正好有潜在需求的客户具有激励作用，对暂时没有购物需求的客户来说，则没有诱惑力，如图6-26和图6-27所示。

图 6-26

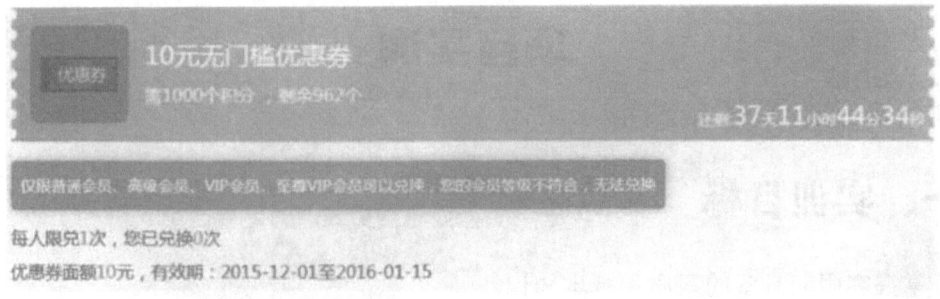

图 6-27

b. 客户积分兑换实物礼品。用积分兑换实物礼品是比较通用的积分消费方式，但是要注意选择的实物需要具有一定价值，具有实用性、独特性，如图6-28所示。

图 6-28

c. 用积分抽奖。用积分抽奖可以让客户以比较少的积分获得价值比较高的礼品，具有一定的娱乐性，不失为一种比较不错的积分消费方式，特别适合积分不多的客户，如图 6-29 所示。

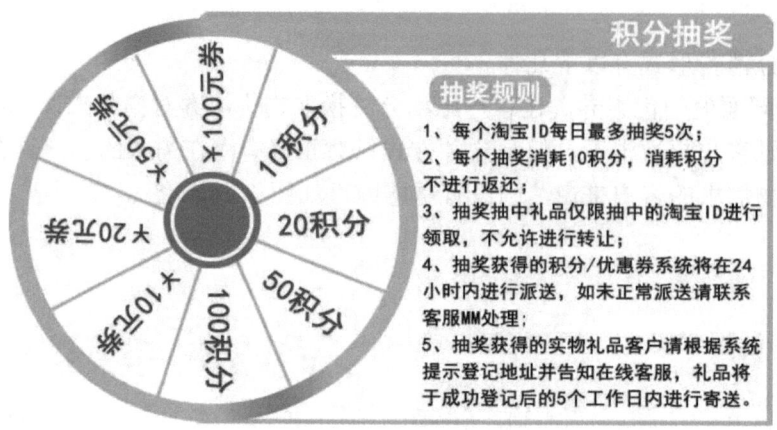

图 6-29

项目实训

✓ 一、实训目标

1. 掌握客服应具备的素质和基本知识。
2. 掌握催付款的数据分析方法。
3. 掌握开通淘宝短信功能的技巧。

✓ 二、实训项目 1

网店客服的知识准备

1. 实训任务

以小组为单位，在网上销售某种商品，需要做好客服的准备工作。
① 商品专业知识。
② 商品周边知识。
③ 支付和物流的相关知识。

2. 实训作业

① 撰写实训报告。
② 小组 PPT 汇报。

三、实训项目 2

客户关系管理——催付款

1. 分析工具

Excel、生意参谋——流量。

2. 实训步骤指导

(1) 确定催付款的客户群体

如果选用短信、微信等进行催付,在一定程度上可能会打扰客户,所以客服人员在保证客户体验不被破坏的前提下势必小心翼翼。通过客户在线调查得知,客户加入购物车没有付款的主要原因如下:遗忘;不想买了;货比三家后发现了性价比更高的商品;和客服索要优惠未遂,心理不平衡;支付产生障碍,如网银没钱或电脑、手机出现故障……

催付对于"遗忘型"的客户是有比较好的效果的,对于其他类型的客户效果并不大。问题是,我们无法确切知晓哪些客户是因为遗忘而没有及时付款,所以在目标并不是很明确的情况下发送催付短信或者使用其他催付手段势必会打扰客户。因此,为了尽可能地不破坏客户体验,一般催付客户群体只锁定在新客户和沉睡客户上。

(2) 确定在哪天付款

经过表 6-1 统计发现,在"等待付款"(即加入购物车但是尚未付款)状态的订单中,随着时间的推移,付款的人会越来越少,快速锐减。例如,在 2018 年 3 月 1 日创建的"等待付款"状态的订单中,在 3 月 2 日有 93 人付款,3 月 3 日有 40 人付款,3 月 4 日有 14 人付款……符号"10+"表示 10 天之后。

表 6-1 付款比例衰减表

时间	1	2	3	4	5	6	7	8	9	10	10+
2018-3-1	93	40	14	21	9	3	3	0	0	0	0
2018-3-2	65	23	10	7	0	6	0	0	1	0	0
2018-3-3	71	19	7	1	8	6	4	0	0	0	0
2018-3-4	59	18	17	4	1	3	1	0	0	0	0
2018-3-5	101	52	34	13	10	15	0	0	1	0	0
2018-3-6	105	46	12	17	10	7	2	0	0	0	0
2018-3-7	76	26	11	3	0	6	4	0	0	0	0
2018-3-8	106	36	11	7	2	7	5	0	0	0	0
2018-3-9	105	21	11	5	6	7	1	0	0	0	0
2018-3-10	102	15	13	4	4	2	4	0	0	0	0
2018-3-11	51	15	15	11	10	4	3	0	0	0	0
2018-3-12	56	22	20	10	5	3	2	0	0	0	0
2018-3-13	49	17	7	8	8	3	0	0	0	0	0
2018-3-14	45	13	7	6	1	1	0	0	0	0	0
2018-3-15	96	21	8	1	2	3	1	0	0	0	0
总和	1180	384	197	118	76	76	30	0	2	0	0

我们将当天未付款但在接下来 10 天之内每天付款的订单数量用图形表现出来，如图 6-30 所示。另外，客户（尤其是女性客户）往往在购买消费品时容易形成冲动型购物，在购物所带来的快感消失后，其就不容易再付款了。因此，付款时间需要选择在客户下单后（未付款订单）的第二天催付最为合理。

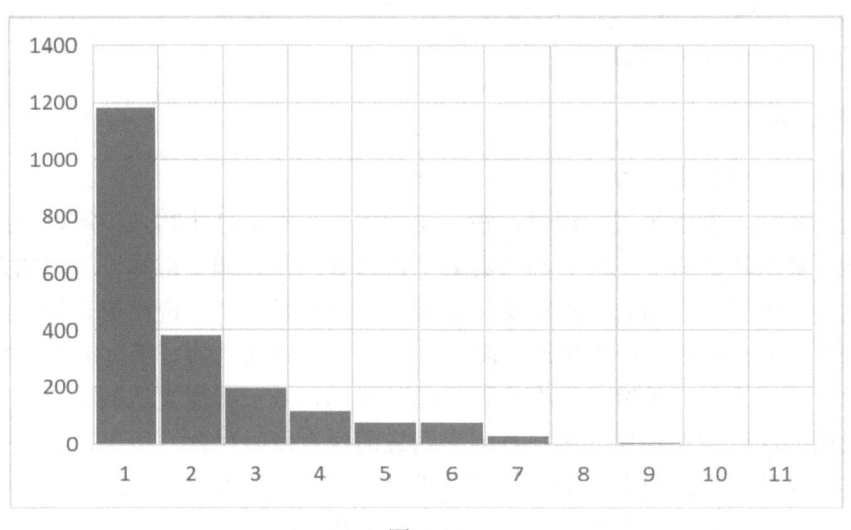

图 6-30

（3）催付时刻的确定

图 6-31 显示的是一天之中每个时间段的转化率，从该图可以很清晰地看出 13:00—17:00 和晚上 1:00—2:00 两个时间段转化率非常高。由于晚上催付，肯定会打扰客户，所以晚上的时间段显然是不合时宜的。

从图 6-31 可以很直观地看出，10:00—22:00 是流量访客数量的高峰波段，下午时段（14:00—17:00）的转化率略高于中午和晚上时间段的转化率。

综上，客服人员选在第二天下午时间段发送催付信息效果会比较好。

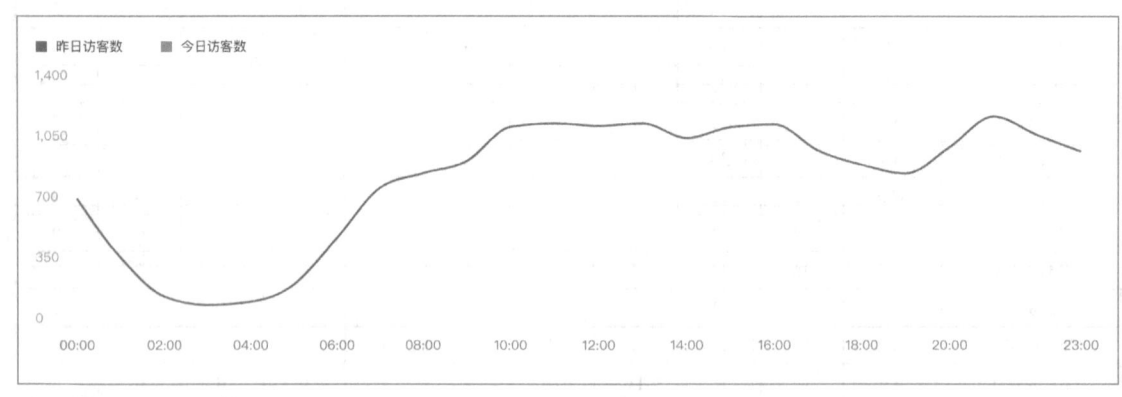

图 6-31

（4）催付内容的拟定

我们催付的初衷是在不影响客户体验的基础上促使客户付款从而产生增量销售额，所以，不论以何种媒介催付客户，都以达到即使客户没有付款也不会让客户产生排斥和厌恶的心理为原则。

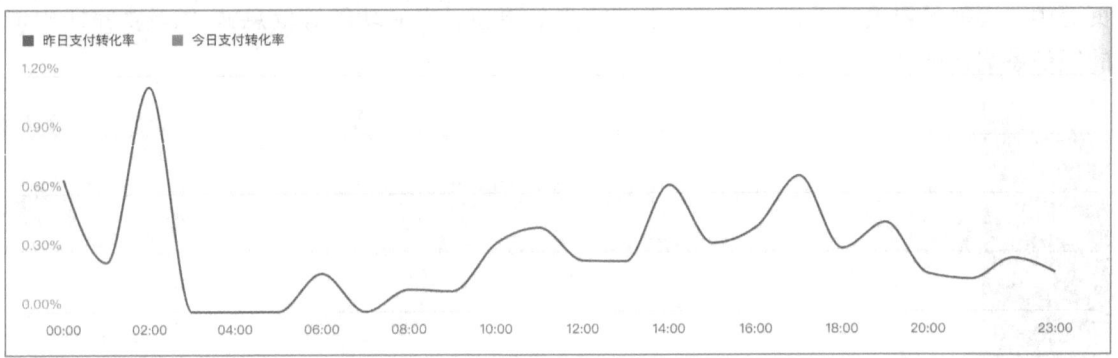

图 6-32

3. 实训作业

根据所提供的订单数据源,做一个如表 6-1 的"付款比例衰减"表。
① 撰写实训报告。
② 小组 PPT 汇报。

数据源

四、实训项目 3

开通淘宝短信功能

1. 实训任务

① 开通淘宝短信签名。
② 进行短信充值。
③ 编辑短信。

2. 实训步骤指导

① 进入淘宝后台"客户运营平台",找到"工具箱",进行短信签名,如图 6-33 所示。

图 6-33

短信签名会显示在每天短信的开头，并会在签名前后加上【】符号。在短信功能申请页面中，卖家需要填写手机号码（用于接收产品更新、产品功能等信息），以及卖家所申请的短信签名，如图 6-34 所示。

图 6-34

短信签名字数在 3~8 个字，可以全部是汉字，或者汉字、英文、数字的组合，短信签名建议使用店铺名称，或者是与店铺名称及所售商品相关的其他名称，不能仅仅使用品牌名称作为签名，如不建议使用【太平鸟】作为签名，但是可以使用【太平鸟官方旗舰店】作为签名。

短信签名申请提交后，相关人员需要 5 个工作日完成审核。

② 短信充值。

短信签名审核通过后，需要先进行充值才能继续使用相应功能，如图 6-35 所示的短信充值界面。

图 6-35

短信充值后不接受退款，使用有效期为 2 年，根据充值的数量，每条短信的价格从 4.2 分/条~4.8 分/条不等，如图 6-36 所示。

图 6-36

③ 短信编辑。

短信充值成功后,即可在智能营销功能中的"兴趣人群营销"使用。卖家可以在短信内容编辑处选择需要的模板。目前短信内容均为固定模板,暂不支持自定义编辑,如图 6-37 所示。

图 6-37

2. 实训作业

① 撰写实训报告。
② 小组 PPT 汇报。

课后习题

一、判断题

1．网店客服所提供的服务一般包括客户答疑、促成订单、店铺推广、完成销售、售后服务等。（   ）

2．网店客服的定位就是和买家的网上交流。（   ）

3．网店客服在与买家交流的过程中，给出承诺可以不让买家失望，在买家心中树立起勇于承担责任的形象。（   ）

4．网店客服要对店铺所经营的商品非常了解。（   ）

5．网店客服掌握好网上及时通信工具的使用方法和技巧就够了。（   ）

6．在客户服务的语言中不应该出现负面语言，如"我不能""我不会""我不愿意""我不可以"等。（   ）

7．客户关系管理对于商家而言就是要如何获得更多的新客户。（   ）

8．买家对商品了解的程度不同，沟通方式也要因人而异。（   ）

9．"顾客就是上帝"，对于喜欢讨价还价的客户，为了留住客户，客服人员要尽量满足他们的需求。（   ）

10．短信关怀的优点是覆盖面广、收费低和可群发。（   ）

二、多选题

1．网店客服的重要意义有哪些？（   ）

A．塑造店铺形象

B．提高成交率

C．提高客户回头率

D．更好地服务客户

2．以下关于网店客服应具备的基本素质说法正确的是（   ）。

A．网店客服应具备良好的心理素质

B．网店客服要有谦和的态度

C．网店客服要具备高超的语言沟通技巧和谈判技巧

D．网店客服要具有"客户至上"的服务理念

3．网店客服需具备哪些相关知识？（   ）

A．与商品相关的知识

B．网站交易规则方面的相关知识

C．数据分析工具的使用方法

D．详情页策划的相关知识

4．网店客服可以用哪些技巧促成交易？（　　）

A．利用"怕买不到"的心理

B．利用买家希望快点拿到商品的心理

C．帮助准买家挑选商品

D．积极推荐买家感兴趣的商品

5．客户关怀有哪些常用的工具？（　　）

A．短信

B．电话

C．旺旺

D．邮件

6．客户关怀的方式有哪些？（　　）

A．售后关怀

B．情感关怀

C．节日关怀

D．促销推送

7．以下哪些技巧可以用来处理客户投诉？（　　）

A．能拖则拖，互相推诿责任

B．表示愿意提供帮助

C．诚恳道歉

D．提出补救措施

8．旺旺关怀的优势是什么？（　　）

A．付费

B．可使用表情

C．可群发

D．不限制字数

9．卖家关怀买家的常见内容有哪些？（　　）

A．订单关怀

B．情感关怀

C．节日关怀

D．促销推送

10．客户忠诚度管理的目的是什么？（　　）

A．让客户成为店铺的粉丝

B．让客户产生更多的口碑传播

C．让客户购买更多的商品

D．给商家带来更多的利润

三、思考题

1．结合自己的网上购物或者客服服务的实践，谈一谈处理客户投诉的技巧。

2．调研 3～5 家淘宝或者天猫店铺，谈一谈它们的客户会员体系和积分体系的构建方法。

第 7 章

仓储及进销存管理

 学习目标

知识目标：
- 理解进销存管理规范。
- 熟悉电商常用的仓储设备及包装材料。
- 掌握网店采购模型、入库及存货盘点管理的方法。

能力目标：
- 掌握网店 ERP 系统的基础操作。
- 能够对商品进行编码。
- 能够制订店铺采购计划。
- 能够进行入库及存货盘点。

素质目标：
- 培养学生的环保意识和节约意识。
- 培养学生严谨细致的工作态度和良好的工作习惯。

 思维导图

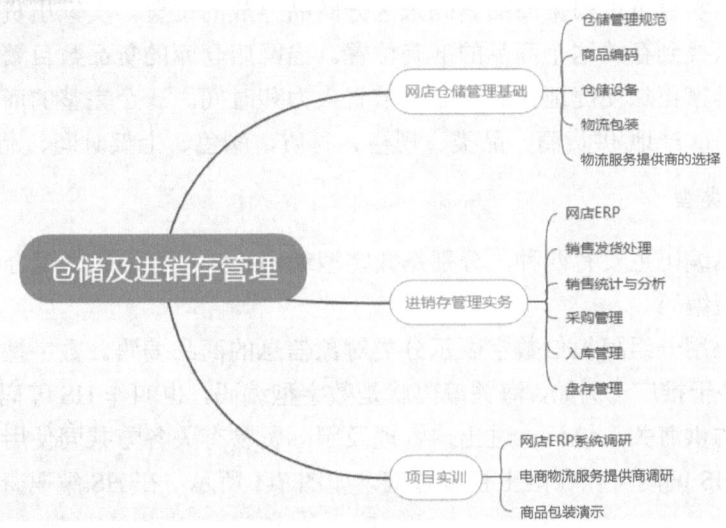

仓储及进销存
管理案例

第一节　网店仓储管理基础

一、仓储管理规范

仓储管理，是指对仓库和仓库中储存的物资进行管理。它包括库存管理、运输和配送等活动。对于企业来说，精准的仓储管理能够有效控制和降低流通和库存成本，是企业保持优势的关键助力与保证。电商企业仓储管理需遵循以下基本规范。

① 及时发货。无论是内贸电子商务平台还是跨境电子商务平台，对于发货时限都有相应的规定。在买卖双方未约定发货时间的情况下，针对常规类目商品，天猫、淘宝 C 店、拼多多的发货时效都是 48 小时，否则店铺将受到相应的处罚。

② 精准备货。一方面，当商品种类繁多时，要保障销量大的商品备货充足，不要出现断货的情况，保障供应。另一方面，要防止商品库存积压严重或者超出了储备，有碍于资金周转。

③ 精准管理存货。相关人员要及时盘点库存，以确认货物实际的库存量与库存账面是否一致。

如果出现货物的实际库存量与库存账面不一致，要查明原因。

二、商品编码

商品编码，即编制商品代码，根据一定规则赋予某种或某类商品以相应的商品代码的过程。商品编码是为了方便管理商品，每个系列的商品只能有一个编码。淘宝增加的"商家编码"是开放 API，可以让有一定技术能力的卖家开发 API 接口，接入自己的软件系统，如进销存系统。卖家可以根据商品编码来区分商品存放的位置，卖家出货时只需查看商品编码就能够迅速找到存放这个商品的准确位置。当网店仓库的货品数目繁多的时候，有商品编码，会让卖家更加便捷地找到商品，节省人力和时间。一个完整的商品编码应该包含商品的这些信息：产地/供货商、品类、规格、材质、颜色、上架时间、品质等级等。

1. 编码的类型

目前，商品编码主要有四种，分别是数字型编码、字母型编码、混合型编码和条码。

（1）数字型编码

数字型编码用一组阿拉伯数字表示分类对象信息的商品编码。数字型编码结构简单、使用方便，也易于推广。例如，海关编码就是数字型编码，也叫作 HS 编码，是由世界海关组织主持制定的供海关、统计、进出口管理及国际贸易有关各方共同使用的商品分类编码体系。商品的 HS 编码可以在网上直接查询，如图 7-1 所示，在 HS 编码查询系统输入"婴儿服装”，即可跳出相关商品编码信息。

HS—编码查询　婴儿服装　智能算法1　查 询

婴儿　服装　结果不满意？选择一下蓝色主关键词。

61　62

查看新版本：婴儿服装

hscode	商品描述	查看相关内容
6111200050	婴儿服装	子目注释 | 实例 | 详情
6111909090	婴儿服装	子目注释 | 实例 | 详情
6209300020	婴儿服装	子目注释 | 实例 | 详情
6209300030	婴儿服装	子目注释 | 实例 | 详情
6209300090	婴儿服装	子目注释 | 实例 | 详情
6209909000	婴儿服装	子目注释 | 实例 | 详情
6209300090	T/C婴儿服装	子目注释 | 实例 | 详情
6209200000	棉婴儿服装	子目注释 | 实例 | 详情
6209909000	真丝婴儿服装	子目注释 | 实例 | 详情
6209200000	婴儿服装帽子	子目注释 | 实例 | 详情
6209200000	婴儿服装上装	子目注释 | 实例 | 详情
6209200000	婴儿服装下装	子目注释 | 实例 | 详情
6111200040	针织婴儿服装	子目注释 | 实例 | 详情
6111200050	针织婴儿服装	子目注释 | 实例 | 详情
6111300050	针织婴儿服装	子目注释 | 实例 | 详情
6111200040	棉制婴儿服装	子目注释 | 实例 | 详情

图 7-1

（2）字母型编码

字母型编码是用若干个字母表示分类对象信息的商品编码。字母型编码便于记忆和人们识别，常用于分类对象较少的情况。例如，一款红色牛津纺的双肩包，如图 7-2 所示，编码的时候用字母“B”代表双肩包，字母“NJ”代表牛津纺布料，字母“R”代表红色，那这款包的编码就是：BNJR。

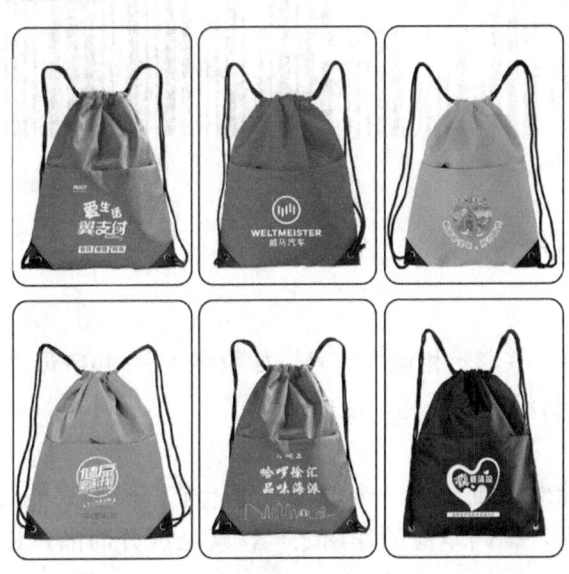

图 7-2

（3）混合型编码

混合型编码是由数字和字母混合组成的商品编码。一般字母表示商品的产地、材质等，数字起到辅助作用，可以放在前面或者后面。混合型编码兼有数字型编码和字母型编码的优点，结构严谨，具有良好的直观性和表达性，如图7-3所示。因此，混合型编码是商品分类中常用的编码。

图7-3

（4）条码

条码即条形码，如图7-4所示，是将宽度不等的多个黑条和空白，按照一定的编码规则排列，用以表达一组信息的图形标识符。条形码可以包含商品的生产国、制造厂家、商品名称、生产日期、图书分类号等信息，因而在商品流通、图书管理等许多领域中都得到了广泛应用。

图7-4

2. 商品编码的注意事项

（1）编码易理解

编码中要避免出现一些形状相似的符号，如数字"0"和字母"o"，数字"1"和字母"I"等，因为这些很容易混杂在一起，造成误会。

（2）编码唯一性

每一件商品都只能对应唯一的一个编码，每一个编码也只能对应唯一的一件商品，否则会造成混乱。因为，编码本身的作用之一，就是区分商品，让相关人员更好地确认和快速发货。

（3）编码含义明确

我们都知道身份证上的号码中的每一个字符都是有意义的，在商品编码时，我们也应该使用有意义的代码，区分商品并且显示商品的相关信息。例如，商品编码的第一个字母表示产地，第二个数字表示商品材质。这样我们通过阅读代码就能迅速获取商品的大部分信息，从而提高我们的工作效率。

三、仓储设备

仓储设备是指能够满足储藏和保管物品需要的技术装置和机具，具体可分为装卸搬运设备和保管设备、计量设备、养护检验设备、通风照明设备、消防安全设备、劳动防护设备等。

1. 装卸搬运设备。

装卸搬运设备用于商品的出入库、库内堆码及翻垛作业。这类设备对改进仓储管理，减轻劳动强度，提高收发货效率具有重要作用。

当前，中国仓库中所使用的装卸搬运设备通常可以分成三类。

① 装卸堆垛设备，包括轮胎式起重机、桥式起重机、门式起重机、滑车、叉车、堆垛机、跳板及滑板等。

② 搬运传送设备，包括电平搬运车、皮带输送机、电梯及手推车等，如图 7-5 所示。

③ 成组搬运工具，包括托盘、网络等。

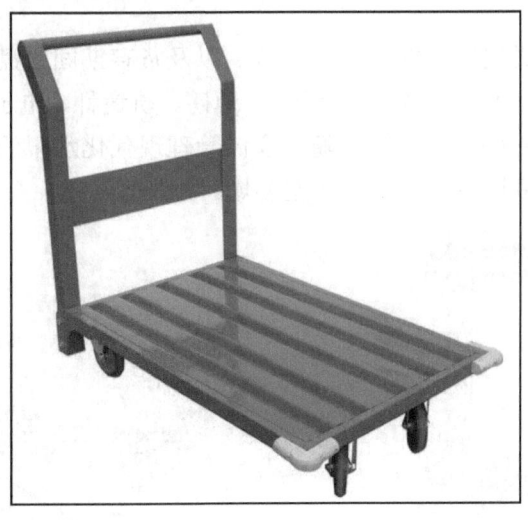

图 7-5

2. 保管设备

保管设备是用于保护仓储商品质量的设备。主要可归纳为以下几种。

① 苫垫用品，起遮挡雨水和隔潮、通风等作用。苫垫用品包括苫布（油布、塑料布等）、苫席、枕木、石条等。苫布、苫席用在露天堆场。

② 存货用具，包括各种类型的货架、货橱。

货架，如图 7-6 所示，即存放货物的敞开式格架。根据仓库内的布局不同。货架可采用组合式或整体焊接式两种，整体式货架的制造成本较高，不便于货架的组合变化，因此较少采用。货架在批发、零售量大的仓库，特别是在立体仓库中起很大的作用。货架的使用便于货物的进出，又能提高仓库容积的利用率。

货橱，即存放货物的封闭式格架，主要用于存放比较贵重的或需要特别养护的商品。

图 7-6

3. 计量设备

计量设备用于商品进出库时的计量、点数，以及货存期间的盘点、检查等。如电子桌秤（如图 7-7 所示）、电子秤（如图 7-8 所示）、地磅、轨道秤、电子计数器、流量仪、皮带秤、天平仪及较原始的磅秤、卷尺等。随着仓储管理现代化水平的提高，越来越多的现代化的自动计量设备被更多地应用于仓储管理领域。

图 7-7　图 7-8

4. 养护检验设备

养护检验设备是指商品进入仓库验收和在仓库内保管测试、化验及防止商品变质、失效的机具、仪器。例如，测潮仪、温度仪、吸潮器、烘干箱、空气调节器、商品质量化验仪器等。在规模较大的仓库中这类设备使用较多。

5. 消防安全设备

消防安全设备是每个仓库中必不可少的。它包括火灾自动报警器、消防栓、手动抽水器、水枪、消防水源、砂土箱、消防云梯等。

6. 劳动防护用品

劳动防护用品主要是用于确保仓库员工在作业中的人身安全，如安全帽、眼罩、手套等。

四、物流包装

随着电子商务的快速发展，商品流通变得越来越频繁，商品流通的范围也越来越广。2020年，全国快递业务量已经超过600亿件。如今各网购平台都有强有力的物流支撑，大多数商品均可实现单件异地配送，物流包装在此过程中起到了举足轻重的作用。物流包装就是指商品在流通过程中起到便于存储、方便流通、保护商品及促进销售作用的容器或其他辅助物的总称。

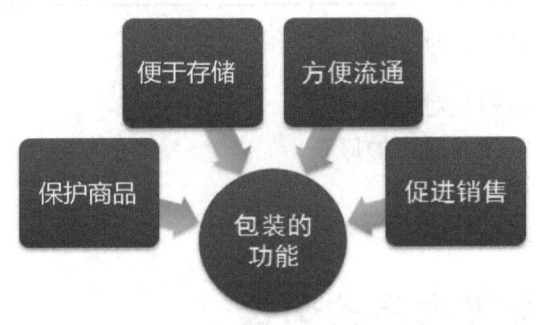

1. 包装的分类

① 按产品经营方式可分为：内销产品包装、出口产品包装和特殊产品包装。

② 按流通过程的作用可分为：单件包装、中包装、外包装。

③ 按功能可分为：销售包装、储存包装和运输包装。

④ 按可使用次数可分为：一次性包装、多次性包装和周转包装。

⑤ 按产品种类可分为：食品包装、药品包装、机电设备包装、危险品包装等。

⑥ 按包装的保护技术可分为：防潮包装、防锈包装、防震包装、防霉包装等。

⑦ 按包装材料可分为：纸制品包装、塑料制包装、竹木器包装、玻璃容器包装、复合材料包装等。

⑧ 按包装容器的软硬程度可分为：硬包装和软包装等。

2. 产品包装常用的材料

选择包装材料的时候,要考虑包装材料的性能,包括适当的保护性能、良好的安全性能、合适的加工性能、方便的使用性能和较好的经济性能。

常见的包装材料包括纸和纸板;木制包装材料、塑料包装材料、玻璃包装材料、金属包装材料和复合包装材料,这些包装材料各有其优点和缺点,如表 7-1 所示。

表 7-1

包装材料	优 点	缺 点
纸和纸板	易成型、折叠、加工;易达到卫生要求;易印刷,便于介绍、美化商品;价格较低;废弃物易于处理;易黏合,适用于不同物品的包装	受潮后强度下降,透明性、防潮性、气密性差
木制包装材料	适中的硬度,有弹性;资源广泛可就地取材;加工方便;胶合板减轻重量	易于吸水、变形开裂、腐朽、受蚁蛀;受资源限制
塑料包装材料	化学稳定性好;属于轻质材料;加工成型简单;具有优良的透明性和表面光泽,印刷和装饰性良好	硬度不如钢铁,耐热性不如玻璃,在外界环境的长期作用下易老化,有些塑料有异味,废弃物难处理
玻璃包装材料	保护性能良好,不透气,透明性好;易于加工;易于重复使用;资源丰富且价格便宜	易破碎,自重大,能耗高
金属包装材料	牢固、不透气,防潮、放光;延展性好,易加工成型;有特殊光泽、装饰性好;易于再生	成本高,能耗大,流通中易变形、生锈

3. 选择包装材料时需遵循的原则

① 包装材料与商品的相互对等的原则。
② 包装材料与流通条件相适应的原则。
③ 包装材料环保、节约的原则。
④ 包装外观整洁、结实。

五、物流服务提供商的选择

一个电商企业的运营离不开商品的运输,那么对于物流服务提供商,我们应该如何正确选择呢?我们需要考虑以下四个方面。

① 规模。选择物流服务提供商,先看其公司规模怎么样,规模大的物流公司在管理和运营方面比较正规。

② 成本。物流的成本是任何电商企业都应该重点关注的,电商企业应该提前做好成本预算,根据实际情况,选择适合自己的物流服务提供商。

③ 时效。物流行业最关键的就是时效问题,所以一定要选择物流时效在业内数一数二的物流服务提供商,运输时效有保障,买卖双方都得利。

④ 售后服务。选择有优质售后服务的物流服务提供商,如果发生特殊情况,物流服务提供商能够快速响应,及时应对。

⑤ 多家选择。对于规模较大的电商企业不能只选一家物流服务提供商,不要把鸡蛋放

在一个篮子里，这样可以降低物流风险及缓解物流资金压力。

对于初创的电商企业，通常的做法是在前期可以先选择几家物流服务提供商进行短期合作，合作一段时间后从物流服务提供商的服务，价格，速度等方面进行综合考虑，然后留下一两家物流服务提供商进行长期合作。

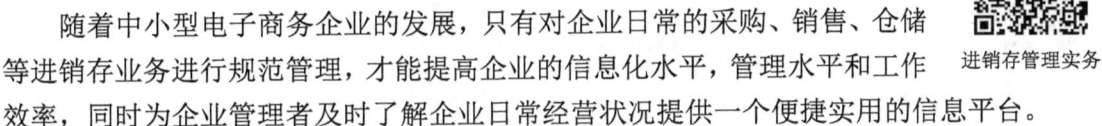

第二节 进销存管理实务

一、网店 ERP

随着中小型电子商务企业的发展，只有对企业日常的采购、销售、仓储等进销存业务进行规范管理，才能提高企业的信息化水平，管理水平和工作效率，同时为企业管理者及时了解企业日常经营状况提供一个便捷实用的信息平台。

ERP 系统是企业资源计划（Enterprise Resource Planning）的简称，是企业管理信息化的先进工具。中小型企业网店 ERP 的功能一般包括以下四个方面。

① 订单管理。网店 ERP 系统可智能高效地处理订单，包括自动抓取平台订单，智能审核拦截各类异常订单，灵活多样地自动拆分、合并订单，高效批量打单。

② 商品管理。网店 ERP 系统可以对商品编码、品牌、规格、分类、组合等进行管理，支持商品称重，条码打印。

③ 采购管理。网店 ERP 系统支持多仓合并采购，智能生产采购商品和数量控制，其拥有的库存预警机制确保网店不出现断货。

④ 售后管理。网店 ERP 系统可自动跟踪售后订单信息，生成精准、清晰的售后账目及在收到退货退款信息时形成退款单据表，并有智能回访机制，方便相关人员进行售后处理。

淘宝服务市场中的"快递助手"，如图 7-9 所示，可以完成基本的 ERP 管理功能，如下载订单、打单、发货、商品录入、出入库管理、利润核算等。如果卖家需要更多的功能，目前内贸电商企业用得比较多的 ERP 系统有聚水潭、旺店通、管家婆、管易等；跨境电商企业常用 ERP 系统有马帮、全球交易助手、芒果店长、店小秘等。

目前市场上电商 ERP 系统越来越多，如何选择适合自己的电商 ERP 系统呢？

一款好的 ERP 系统应该符合操作简单易上手、售后服务效率高、软件更新及时这三个基本要求。

除了这些基本要求，在选择 ERP 系统时，还有以下三个方面可作为参考条件。

① 产品体系。随着电商行业的发展，商家对 ERP 系统功能的需求也越来越多，一款优秀的软件应该完美覆盖 ERP、O2O、门店管理、分销、跨境、新零售等各种传统及新型业务场景。

图 7-9

② 升级费用。ERP 系统的更新速度很重要，但是同时也要兼顾升级的费用，如果每次升级都需要另外付费，必定是一笔很大的开销，所以卖家在选择时，一定要考虑 ERP 系统服务提供商是否承诺免费升级。

③ 对接平台。如今电商平台越来越多，除了淘宝、天猫、京东、拼多多等大型电商平台，还有很多新的电商平台正在快速崛起，这就对 ERP 系统有了更高的要求，只有系统对接的平台足够多，卖家在拓展新的销售渠道时才能更加方便快捷。

没有最好的 ERP 系统，只有最合适自己的 ERP 系统。某款 ERP 系统适不适合自己，还是要通过实践的检验，所以卖家在选择时不要冲动购买，可以先试用，从而挑选出最适合自己的 ERP 系统。

二、销售发货处理

电商物流之发货

销售发货一般包括以下流程。

下载订单—选择订单—选择快递—生成单号—打印面单—点击发货—确认出库—打包揽收

下面，以快递助手 ERP 系统为例，演示销售发货流程。

① 进入快递助手首页，如图 7-10 所示。

② 点击"查询"，系统会自动下载订单，如图 7-11 所示。

③ 单选要打印的订单或者批量勾选；点击打印快递单；选择快递，如图 7-12 所示。

第 7 章　仓储及进销存管理

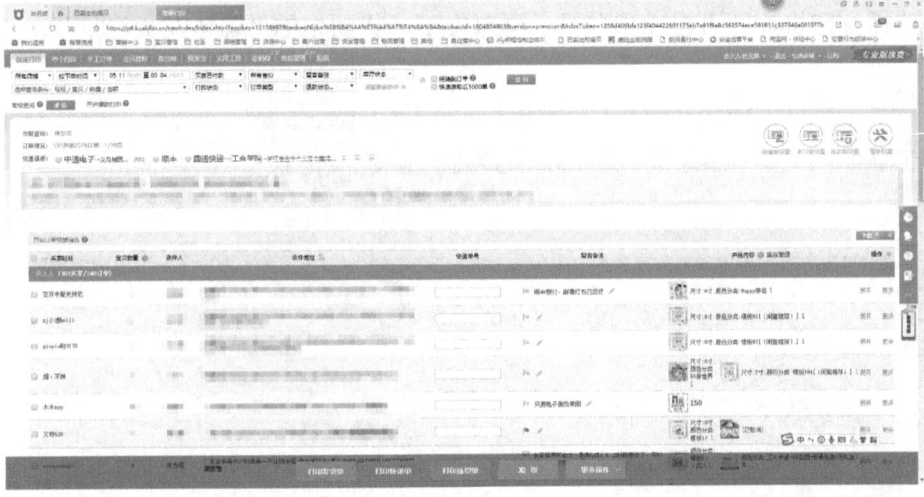

图 7-10

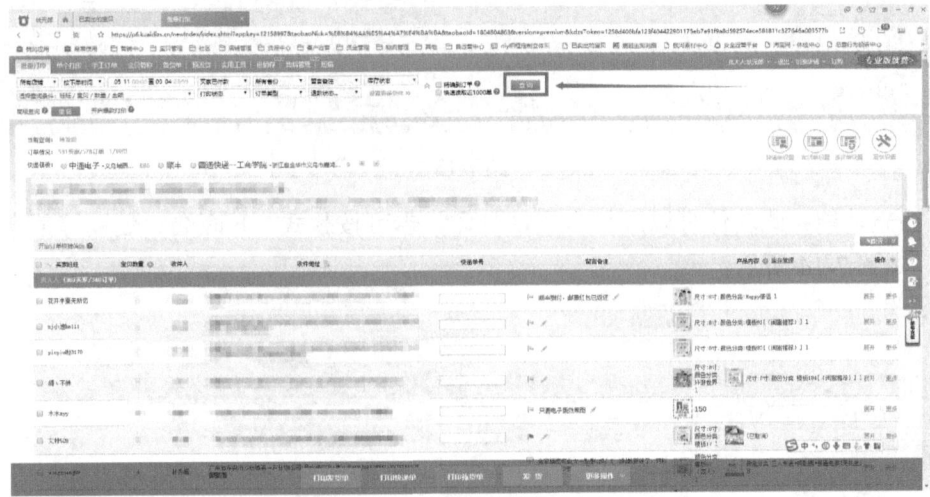

图 7-11

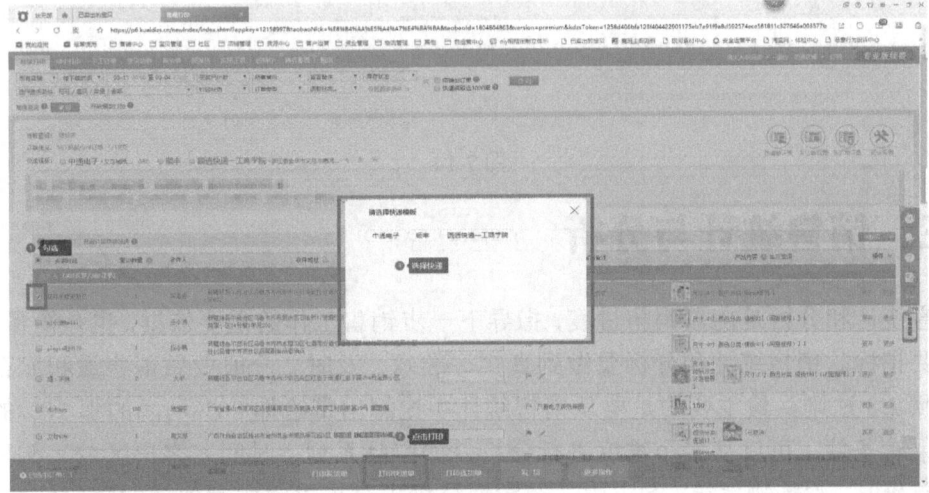

图 7-12

④ 选择打印机后即可自动出单号，再点击下一界面中的"确认发货"即可，如图 7-13 所示。

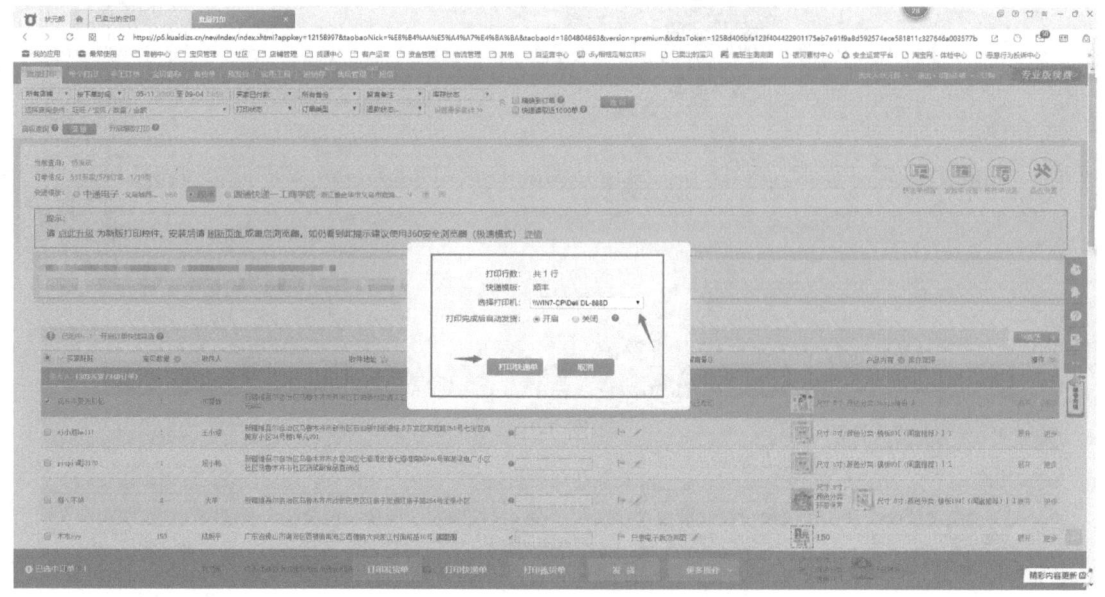

图 7-13

⑤ 补充功能：此软件可以进行多店铺打印，也可按款式、旺旺名、数量等某个参数搜索打印，如图 7-14 所示。

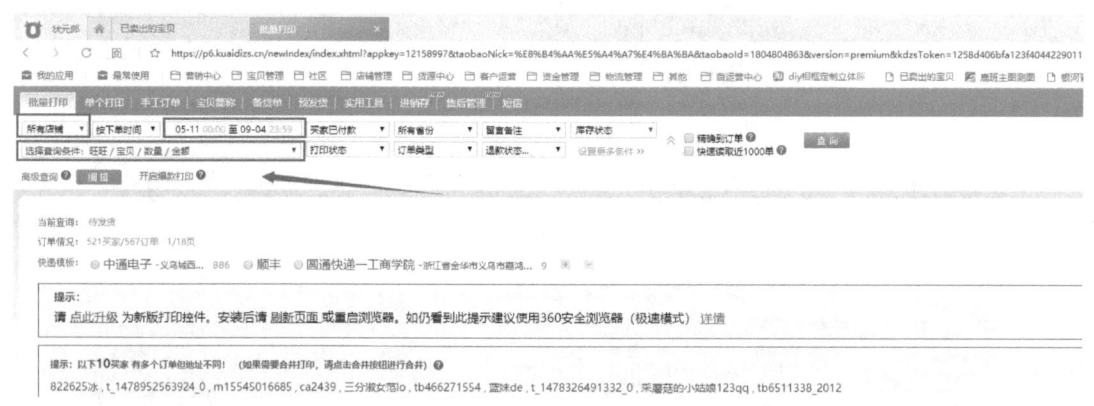

图 7-14

三、销售统计与分析

销售统计和分析是衡量销售进度，指导下一步销售工作的重要依据，也是衡量销售业绩的重要指标。销售统计和分析要做到真实、准确、及时。一般要做销售量和库存统计，如果按照 2/8 法则，最主要的是要从销售统计中挖掘出带给你 80% 利润的那 20% 的客户。当然如果有条件，可以从多个维度进行分析，如产品系列、时间、客户区域、购物时间、订单客单价、二次购物率等。淘宝生 e 经数据分析工具可以完成大部分的销售统计与分析工作。

1. 销售统计

① 打开生e经—"店铺数据分析"—找到"销售分析"—点击"销售概况",如图7-15所示。我们可以查看当天、前一天、近2周或者当月的销售数据,包括PC端和移动端的销售额、销售量、订单数量、客单价、转化率等指标。

图7-15

② 点击"销售指标&走势",如图7-16所示,可以按月份或按日期段选择查看销售额和销售量。

③ 点击"按付款时段",如图7-17所示,可以查看一天中某个时间段内的销售额和销售量等数据。

电子商务运营实务

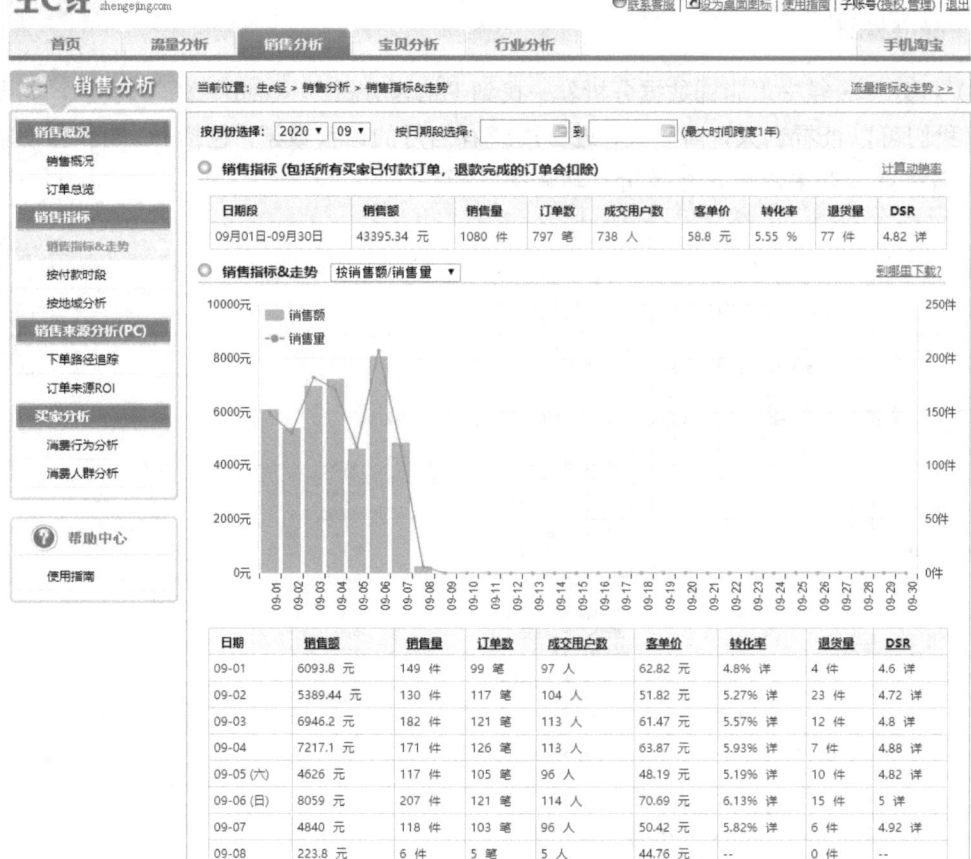

图 7-16

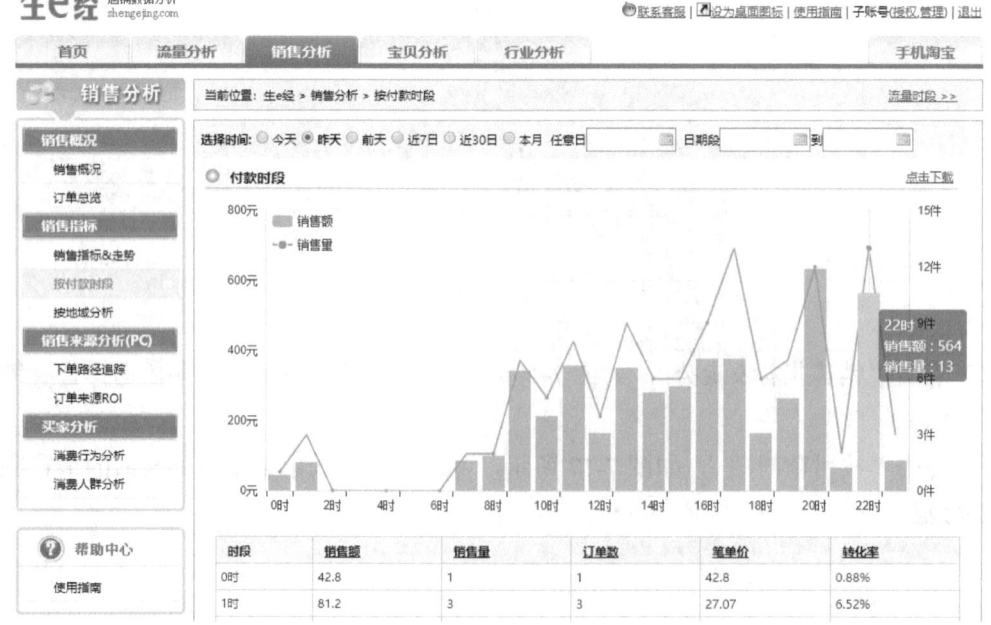

图 7-17

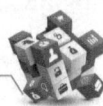

④ 点击“按地域分析”，如图 7-18 所示，可以选择时间段查看各省份或城市具体的销售额及所占比例等数据。

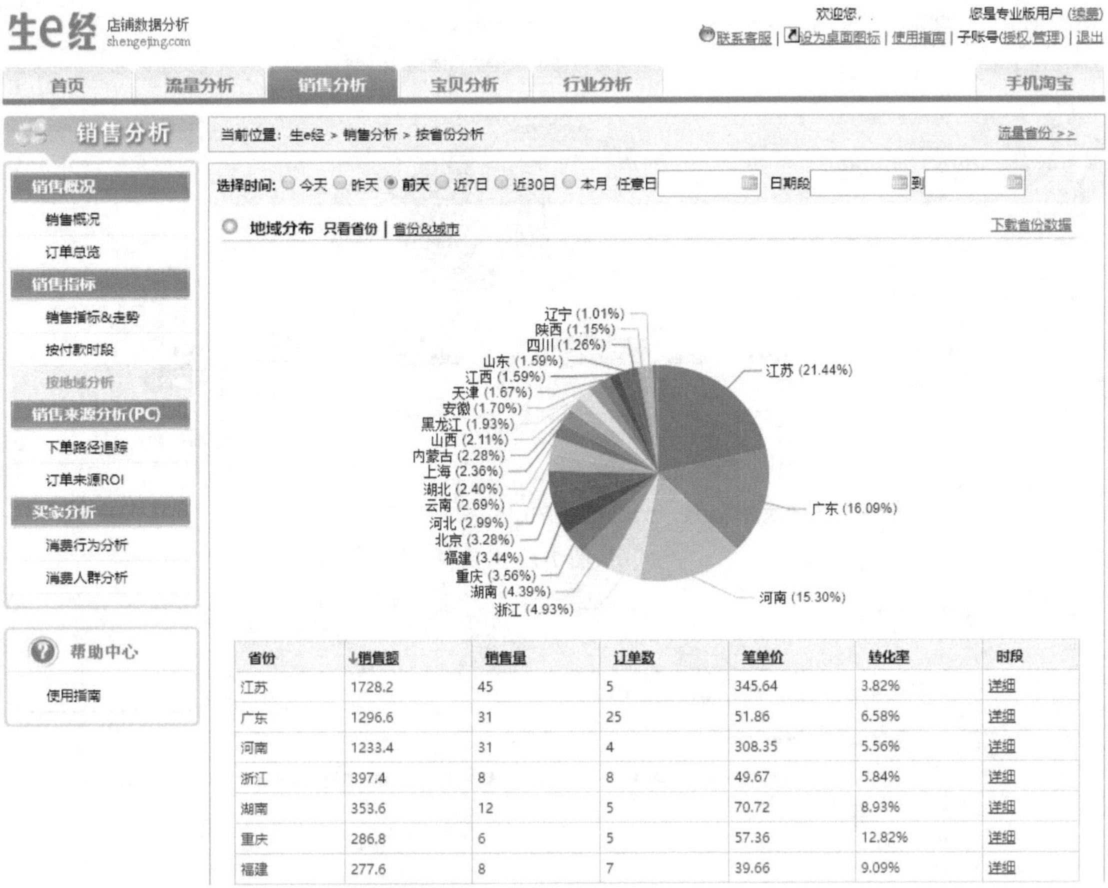

省份	↓销售额	销售量	订单数	笔单价	转化率	时段
江苏	1728.2	45	5	345.64	3.82%	详细
广东	1296.6	31	25	51.86	6.58%	详细
河南	1233.4	31	4	308.35	5.56%	详细
浙江	397.4	8	8	49.67	5.84%	详细
湖南	353.6	12	5	70.72	8.93%	详细
重庆	286.8	6	5	57.36	12.82%	详细
福建	277.6	8	7	39.66	9.09%	详细

注：图中的饼状图为系统自动生成，故比例之和有误差。

图 7-18

⑤ 点击“订单来源 ROI”，如图 7-19 所示，可以查看各流量渠道的访客数量及所占比例等数据。

⑥ 点击“消费行为分析”，如图 7-20 所示，就可以查看店铺某段时间内的复购率等数据。

⑦ 点击“消费人群分析”，如图 7-21 所示，可以查看店铺消费者的性别及占比，年龄段及其所对应销售额等数据。

⑧ 点击生 e 经里的“宝贝分析”，如图 7-22 所示，可以查看某个宝贝的 SKU 具体的销售情况。

注：图中的饼状图为系统自动生成，故比例之和有误差。

图 7-19

图 7-20

第 7 章 仓储及进销存管理

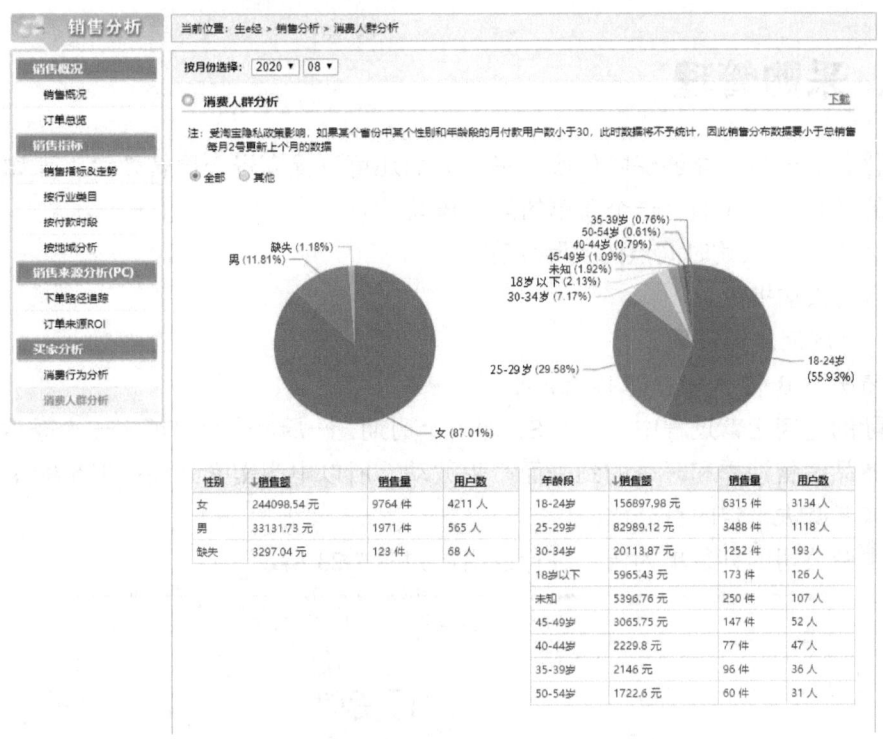

图 7-21

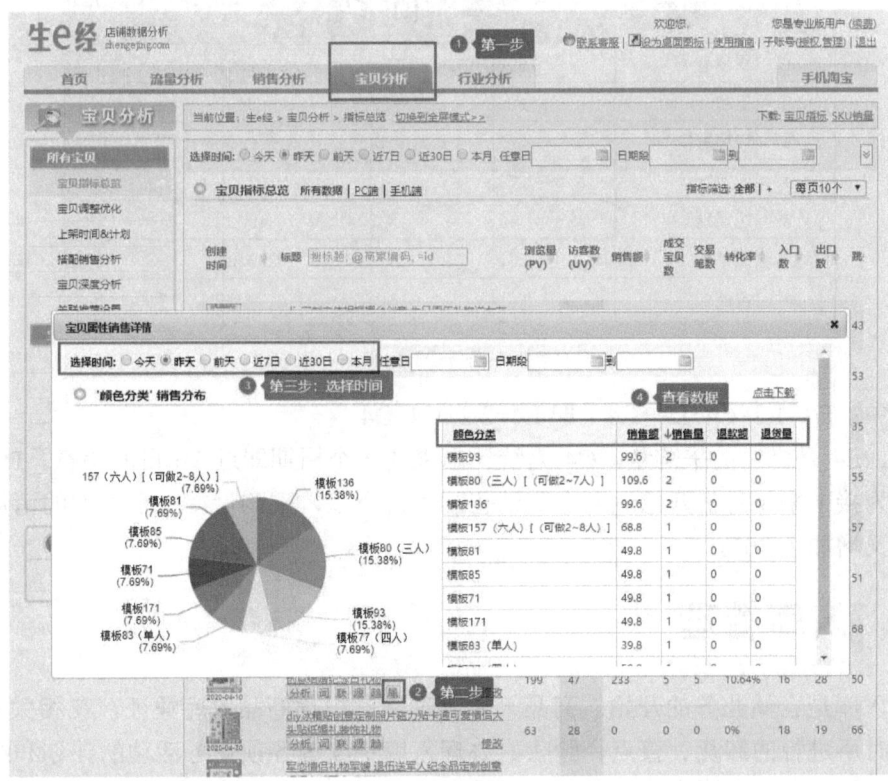

注：图中的饼状图为系统自动生成，故比例之和有误差。

图 7-22

四、采购管理

精准化备货一方面能够保障供应，另一方面还可以提高资金周转效率，那如何能够做到精准化的备货呢？我们有一个简单的采购模型。

假定 A 为当前采购时间点的实际库存。

B 为当前采购批量。

S 为一个周期的销售量

理想情况下 B=S-A+S；即 B=2S-A

在实际的电商运营过程中，由于 S，即一个周期（一周、一个月或者一个季度）的销售量会随着商品销售淡季和旺季的到来而产生波动，所以电商卖家必须在理想的采购量的基础上加上或者减去一定的百分比。

以某电商公司的订货单为例，进行说明，如图 7-23 所示。

序号	品名	近30日销量（袋）	当前库存（袋）	计算订货数量（袋）	实际订货数量（袋）
1	黑糖老姜	1698	1001	2734.6	2734
2	三合一	125	635	-360	0
3	玫瑰黑糖	72	175	-16.6	0
4	二合一	176	0	387.2	387
5	纯黑糖	41	41	49.2	49
6	四合一	369	515	296.8	296
7	合计				3466

日期：2020/8/10
订货单
E4 fx =1.2*C4-D4+C4

图 7-23

表格中：E4=1.2×C4-D4+C4 即 E4=2.2×C4-D4

其中，E4 是当前的采购量，C4 为统计出来的一个周期即近 30 日的销量，D4 为当前库存，因为接下来 9 月份开始进入电商销售旺季，所以，采购量在一个周期的销量（C4）的基础上又增加了 20%。

五、入库管理

商品入库是仓储业务的开始。商品入库管理，是根据商品入库凭证，在相关人员接受入库商品时所进行的卸货、查点、验收、办理入库手续等各项业务活动的计划和组织。

采购部下订单时应该认真审核商品的库存数量，做到以销定进。采购部审核订单时，根据企业实际情况，核定进货数量，杜绝出现库存积压、滞销等情况。订单录入后，采购部通知供货商送货时间，并将货物到达时间及时通知仓库的相关人员。

当商品从供货厂家运抵仓库时，收货人必须认真检查商品的外包装是否完好及商品的相关情况，若出现外包装破损、或商品原包装短少、商品邻近有效期等情况，收货人必须拒绝收货，并及时上报采购部；若因收货人未及时对商品进行检查，所造成的经济损失由收货人承担。

确定商品外包装完好后，收货人必须依照相关单据（订单、随货同行联），对商品的品名、等级、数量、规格、金额、单价、有效期等进行核实，核实正确后方可签字收货，入库保管；若单据与商品实物不相符，应及时上报采购部；若商品未经核对，即签字收货入库，造成的货、单不相符，由收货人承担因此造成的损失。

入库商品在搬运过程中，应对照商品外包装上的标识进行搬运；在堆码时，应按照仓库管理堆放距离要求、先进先出的原则进行堆码。若未按规定进行操作，因此造成的损失由收货人承担。

入库商品明细必须由收货人和仓库管理员核对签字认可，做到账、货相符。商品验收无误后，仓库管理员依据收货单及时记账，详细记录商品的名称、数量、规格、入库时间、单证号码、验收情况、存货单位等，做到账、货相符。若不按照该制度执行验收，所造成的经济损失由仓库管理员承担。

六、盘存管理

在存储过程中，为了对库存商品的数量进行有效控制，并查清商品在库中的质量状况，必须定期或不定期地对各存储场所进行清点、查核，这一过程就是盘点。

一般来说，盘点的内容主要有以下几项。

1. 商品数量

通过点数、计数查明商品在库的实际数量，核对库存账面资料与商品实际库存数量是否一致。

2. 商品质量

检查在库商品质量有无变化，是否超过有效期和保质期，有无长期积压等现象。

3. 保管条件

检查保管条件是否与各种商品的保管要求相符合。例如，堆码是否合理稳固，库内温度是否符合要求，各类计量器具是否准确等。

电商 ERP 系统可以完成货物数量的盘点，可根据需求进行日盘点、周盘点、月盘点，活动前或者结束后的盘点。相关人员根据盘点的情况进行报表统计，实时掌握盈亏情况。

另外相关人员需设定一个库存健康临界点，即库存预计可销售月数超过 1 个月（可以根据企业实际情况调整临界点），则判定为库存积压，需要做活动清理库存；库存不足 1 个月，可能出现库存不足等情况，需要考虑是否补货。

项目实训

一、实训目标

1. 了解电商企业常用的 ERP 系统。
2. 掌握电商企业常用物流服务提供商的优点和缺点。
3. 体验不同物品的物流包装方法。

二、实训项目 1

网店 ERP 系统调研

1. 实训任务

以小组为单位,调研 3 种及以上内贸电商或者跨境电商 ERP 系统,了解其各自的功能和特点。

2. 实训作业

① 撰写实训报告。
② 小组 PPT 汇报。

三、实训项目 2

电商物流服务提供商调研

1. 实训任务

以小组为单位,调研 3 个及以上内贸电商或者跨境电商物流服务提供商,了解其服务水平、定价方式、优点和缺点。

2. 实训作业

① 撰写实训报告。
② 小组 PPT 汇报。

四、实训项目3

商品包装演示

1. 实训任务

以小组为单位准备一件商品及其包装材料,现场展示商品的包装过程及方法。

2. 实训作业

小组现场展示。

课后习题

一、判断题

1．进销存管理里面的"存"是指入库。（   ）

2．要及时盘点库存,以确认货架上实际的库存量是否与库存账面一致。（   ）

3．最好的 ERP 系统功能齐全,就算价格贵一点也是值得购买的。（   ）

4．每一件商品只能对应唯一的条码,每一个条码也只能对应唯一的商品,避免造成混乱。（   ）

5．选择物流合作企业的时候最好只选择一家,以便长期合作,互惠互利。（   ）

6．包装就是指商品在流通过程中起到存储、保护商品及促进销售作用的容器或其他辅助物的总称。（   ）

7．选择包装材料时要遵循包装材料与商品的相互对等的原则。（   ）

8．在买卖双方未约定发货时间的情况下,天猫、淘宝 C 店、拼多多的发货时效都是 24 小时,否则店铺将受到相应的处罚。（   ）

9．仓储设备是指能够满足储藏和保管物品需要的技术装置和机具。（   ）

10．销售统计和分析是衡量销售进度,指导下一步销售工作的重要依据,也是衡量销售业绩的重要指标。（   ）

二、多选题

1．进销存管理里面的"进"包括哪些过程？（   ）

　A．询价、采购

　B．入库与付款

　C．报价、销售

　D．出库与收款

2. 电商企业进销存管理需要遵循哪些基本规范？（　　）

   A. 及时发货

   B. 精准备货

   C. 准确管理存货

   D. 快速销货

3. 中小型企业网店 ERP 的功能一般包括哪些？（　　）

   A. 订单管理

   B. 货品管理

   C. 采购管理

   D. 售后管理

4. 在选择 ERP 系统的时候，要考虑哪些因素？（　　）

   A. 操作简单上手快

   B. 售后服务效率高

   C. 软件更新及时

   D. 对接的平台足够多

5. 对于物流服务商的选择，我们应该如何考虑哪些因素？（　　）

   A. 物流公司的规模

   B. 物流成本

   C. 物流时效

   D. 售后服务

6. 仓储设备包括哪些？（　　）

   A. 装卸搬运设备

   B. 保管设备

   C. 计量设备

   D. 通风照明设备

7. 选择包装材料的时候，要考虑哪些因素？（　　）

   A. 包装材料的保护性能

   B. 包装材料的安全性能

   C. 包装材料方便的使用性能

   D. 包装材料的经济性能

8. 一般来说，库存盘点的主要内容有哪几项？（　　）

   A. 入库验收

   B. 货物数量

   C. 货物质量

   D. 保管条件

9. 设置商品编码时要遵循以下哪些规则？（　　）

   A. 编码易理解

B．编码要方便
C．要有明确的含义
D．编码唯一性
10．商品入库管理包括以下哪些内容？（　　）
A．办理商品入库手续
B．入库商品查点
C．入库商品验收
D．入库商品卸货

参考资料

1. 《中华人民共和国电子商务法》2019.1.1
2. 阿里巴巴商学院. 电商运营[M]. 北京：电子工业出版社，2016.
3. 阿里巴巴商学院. 数据化营销[M]. 北京：电子工业出版社，2016.
4. 阿里巴巴商学院. 网店客服[M]. 北京：电子工业出版社，2016.
5. 淘宝大学. 网店视觉营销[M]. 北京：电子工业出版社，2016.
6. 黄成明. 数据化管理：洞悉零售及电子商务运营[M]. 北京：电子工业出版社，2014.
7. 程越敏. 电子商务基础[M]. 北京：高等教育出版社，2015.
8. 老A电商学院. 淘宝网店大数据营销[M]，北京：人民邮电出版社，2015.
9. 胡晨川. 数据化运营速成手册[M]. 北京：电子工业出版社，2017.
10. 腾尧，王浩鹏. 电商产品运营攻略[M]. 北京：化学工业出版社，2020.
11. 祝福. 私域流量[M]. 北京：机械工业出版社，2020.
12. 袁野. 电商有道 运营有法[M]. 北京：机械工业出版社，2020.
13. 杨飞. 流量池[M]. 北京：中信出版社，2018.
14. 刘涛. 淘宝、天猫电商运营百科全书[M]. 2版. 北京：电子工业出版社，2019.
15. 魏明. 网店运营与推广[M]. 北京：电子工业出版社，2019.
16. 严奇. 让图片会说话[M]. 长春：吉林美术出版社，2017.
17. 淘宝论坛（bbs.taobao.com）
18. 淘宝大学（https://daxue.bbs.taobao.com/home.html）
19. 派代网（http://www.paidai.com/）
20. https://daxue.taobao.com/markets/daxue/sycmsjxy?spm=a1z14.7980094.323751.8.3d695839BihUeA&wh_ttid=pc
21. https://daxue.taobao.com/market/daxue/wt5_tdtw.php